¡Viva el Español!

CONVERSO MUCHO

Ava Belisle-Chatterjee, M.A.
Chicago School District 6
Chicago, Illinois

Marcia Fernández
Chicago School District 6
Chicago, Illinois

Abraham Martínez-Cruz, M.A.
Chicago School District 6
Chicago, Illinois

Linda West Tibensky, M.A.
Oak Park School District 200
Oak Park, Illinois

 National Textbook Company
NTC a division of *NTC Publishing Group* • Lincolnwood, Illinois USA

Acknowledgments

The publisher would like to thank the following photographers, organizations, and individuals for permission to reprint their photographs.

The following abbreviations are used to indicate the locations of photographs on pages where more than one photograph appears: T (top), B (bottom), L (left), R (right), M (middle).

Cover photos:
Stuart Cohen (BL, MR), David Corona (BR), Robert Fried (L, TR), Kenji Kerins (parrot)

Aerolíneas Argentinas, courtesy of Maritz Travel Company: 283R; **California Office of Tourism:** 43TR (photo by Khoury), 111BR (photo by John F. Reginato); **Chicago Botanic Garden:** 110BL, 110–11, 110–11T; **Stuart Cohen:** 14, 28, 32, 40R, 41T, 97, 150TR, 163R, 169L, 169R, 171R, 172–73, 179, 195TL, 195TR, 195B, 243, 245B, 245T, 255, 281, 300, 307, 310TL, 310–11, 311R, 315R, 315L, 321M, 323BL, 323TR, 323MR, 323BR, 324L, 325; **Consulate General of Colombia:** 261B; **The Cousteau Society, Inc.,** a member-supported non-profit environmental organization: 66L, 67TR; **Teresa Cullen:** 42BL, 247TR, 261TR; **Gene Dekovic:** 222TL, 222BL, 296; **D. Donne Bryant:** 90–91, 150BL, 204, 262BL, 262–63, 285BR, 311TR, 320M; **Ecuatoriana Airlines:** 59; **Embassy of Belize:** 320T; **Manuel Figueroa:** 43BR, 68–69, 172BL, 181, 196TL; **Florida Division of Tourism:** 261TM, 284L; **Food for the Hungry:** 117, 262TL; **Robert Fried:** 153, D. Donne Bryant Stock Photography Agency: 40L, 69BR, 158; **IUPUI**

Publications, Ron Hanson, photographer: 22–23, 42–43; 108TL, 108TR, 108B, 130BL; **Mexican Fine Arts Center Museum:** 150TL, 253 (mural by Vicente); **Suzanne L. Murphy,** D. Donne Bryant Stock Photography Agency: 270R, 283M, 284–85; **National Tourist Office of Spain:** 90TL, 128BL, 131R, 146R, 152R, 173TR; **Antonio Obaid:** 68BL, 222TR; **Chip and Rosa María de la Cueva Peterson:** 1, 23TR, 51, 74, 128R, 130TL, 146BL, 150BR, 152BL, 163L, 171L, 172TL, 189, 196BL, 196–97, 203, 217, 232, 246L, 247BR, 263R, 309TR, 309TL, 320B, 323TL, 324R; **Madeleine Philbin:** 153BR, 222TM, 227L; **David Ryan,** D. Donne Bryant Stock Photography Agency: 136; **Carmina Sánchez:** 222BM; **James Schmelzer:** 111TR, 173BR, 226TL, 310BL; **Marcia Seidletz:** 152TL, 321T; **David Steadman:** 66R, 67TL, 67BL, 67BM, 67BR; **Tourism Division, Texas Department of Commerce:** 128TL, 130–31, 222BR, 283L; **Unicef:** 41B, 87, 90BL, 197L, 261TL, 270L, 323ML; **Dr. Miguel Vasquez:** 22BL, 146TL, 226BL, 226–27, 246–47, 285TR; **World Vision:** 8, 22TL, 321B; **Youth for Understanding International Exchange:** 309B (photo by Claus Meyer), 319 (photo by Ramón Astondoa).

Project Director: Michael Ross
Project Editor: Marcia Seidletz
Design: David Corona Design
Content Editor: Minerva Figueroa
Production Editor: Mary Greeley
Artists: Tim Basaldua, Don Wilson, Fred Womack
Contributing Writers: Jill Ginsburg, Marcia Gotler, Robert Paral, Catherine Shapiro

1995 Printing

Contents

Unidad 13 ██████████ 284

Unidad 14 ██████████ 310

(General review of Unidad 1 to Unidad 13)

Panorama de vocabulario

Los nombres

Los saludos y las despedidas

¡Aprende el vocabulario!

A. Imagine that the person in each picture is talking to you.

Respond to each greeting or question.

Modelo:

Respuesta: **¡Buenas noches!**

1.

2.

3.

4.

5.

6.

B. Six friends are waiting for you after school.

Look at the picture above and then answer the questions below. Follow the model.

Modelo: ¿Cómo se llama el muchacho?

Respuesta: **Se llama Ernesto.**

1. ¿Cómo se llama la muchacha?

4. ¿Cómo se llama el muchacho?

2. ¿Cómo se llama la muchacha?

5. ¿Cómo se llama la muchacha?

3. ¿Cómo se llama el muchacho?

6. ¿Cómo te llamas tú?

C. You want to know how your friends feel. How does each one answer?

Look at the large picture and answer each question.

> **Modelo:** ¿Cómo estás, Ernesto?
> **Respuesta:** **Estoy muy mal.**

1. ¿Cómo estás, Rosa?
2. ¿Cómo estás, José?
3. ¿Cómo estás, Ana?

4. ¿Cómo estás, Isabel?
5. ¿Cómo estás, Carlos?
6. ¿Cómo estás tú?

D. Imagine that you are new in school and you want to make friends.

Introduce yourself to five classmates. Use the models as examples of what you could say.

> **Modelo:**
>
> TÚ: Buenos días. Me llamo Raúl. ¿Cómo te llamas?
>
> IRIS: Buenos días. Me llamo Iris. Mucho gusto.
>
> TÚ: El gusto es mío.
>
> TÚ: ¡Hola! ¿Cómo estás?
>
> DIEGO: Bien, gracias. ¿Y tú?
>
> TÚ: Muy bien. ¿Cómo te llamas?
>
> DIEGO: Me llamo Diego. ¿Y tú?
>
> TÚ: Me llamo Julia. Mucho gusto.
>
> DIEGO: El gusto es mío.

Panorama de vocabulario

¿Qué es esto? _____

un escritorio

un libro

una pizarra

una puerta

un lápiz

un reloj

una luz

una computadora

una silla

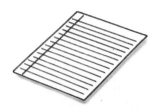

una hoja de papel

¿Quién es? _____

el profesor

la profesora

el alumno

la alumna

¡Aprende el vocabulario!

A. Pancho has lost his glasses and can't see clearly! Help him to name things in the classroom.

Look at each picture and answer the question: **¿Qué es esto?** Follow the model.

Modelo:

Respuesta: **Es una silla.**

1.

2.

3.

4.

5.

6.

7.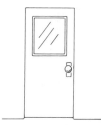

8.

9.

B. Now Pancho needs help to identify the people in the classroom!

Look at each picture and answer the question: **¿Quién es?**

1.
2.
3.
4.

C. Elena wants you to help her study.

Look at each picture and answer her question. Follow the model.

Modelo:  ¿Es una puerta?

Respuesta: **No, no es una puerta. Es un libro.**

1.  ¿Es una computadora?

3.  ¿Es el profesor?

2.  ¿Es un lápiz?

4.  ¿Es un escritorio?

D. Pretend you are visiting another Spanish classroom.

For each number in the picture, choose the question you would ask. Write the question and then answer it. Follow the models.

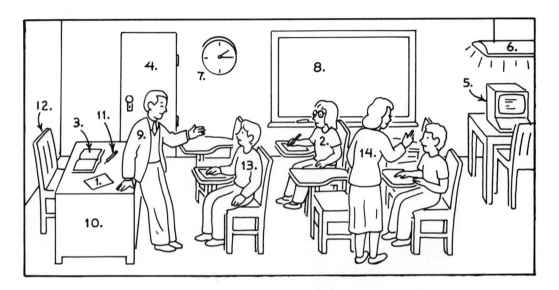

¿Qué es esto?   ¿Quién es?

Modelos: 1. ¿Qué es esto? Es una hoja de papel.
14. ¿Quién es? Es la profesora.

Panorama de vocabulario

Los números del 0 al 10

0	cero		
1	uno	6	seis
2	dos	7	siete
3	tres	8	ocho
4	cuatro	9	nueve
5	cinco	10	diez

Los números del 11 al 20

11	once	16	diez y seis
12	doce	17	diez y siete
13	trece	18	diez y ocho
14	catorce	19	diez y nueve
15	quince	20	veinte

Los números del 21 al 29

21   veinte y uno

22   veinte y dos

23   veinte y tres

24   veinte y cuatro

25   veinte y cinco

26   veinte y seis

27   veinte y siete

28   veinte y ocho

29   veinte y nueve

¡Aprende el vocabulario!

A. Imagine that you are a judge at a bicycle race. As each contestant passes by, you must record the number on the license plate.

Look at each picture. Write or say the number in each one. Follow the model.

Modelo:

Respuesta: Doce.

1.

2.

3.

4.

5.

6.

7.

8.

9.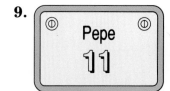

10.

11.

12.

B. Oscar wants to invite some friends to his house, but he doesn't know their phone numbers. Help him by answering the question:

¿Cuál es el número de teléfono de . . . ?

Find the name in the list and then write or say the telephone number for that person. Follow the model.

Modelo: ¿Lucía Méndez?

Respuesta: Es el ocho, dos, cuatro, siete, cuatro, tres, dos.

Mis amigos

Nombre	Número
Arturo Castillo	332–5681
Beto Chávez	482–7805
Elena Gómez	264–1539
Margarita Luna	995–6217
Lucía Méndez	824–7432
Tomás Pérez	553–4760
Victoria Silva	761–8849

---

1. ¿Margarita Luna?
2. ¿Beto Chávez?
3. ¿Victoria Silva?

4. ¿Arturo Castillo?
5. ¿Tomás Pérez?
6. ¿Elena Gómez?

C. Marisol needs help with her math homework. You have volunteered to help her.

Write or say each problem and its answer. Follow the model.

Modelo: 4 + 6 =

Respuesta: **Cuatro más seis son diez.**

1. 6 + 8 =
2. 5 + 5 =
3. 20 + 8 =
4. 7 + 9 =
5. 13 + 4 =

6. 19 + 1 =
7. 23 + 4 =
8. 11 + 4 =
9. 6 + 6 =
10. 17 + 5 =

D. A friend has written down some names and telephone numbers for you.

On a separate sheet of paper, write the names and numerals. Follow the model.

Modelo: Carla: cuatro, siete, dos, dos, cero, uno, cuatro

Respuesta: **Carla: 472–2014**

1. Luis: dos, seis, uno, tres, ocho, cuatro, nueve
2. Berta: cinco, ocho, tres, dos, nueve, seis, ocho
3. Marta: nueve, cuatro, uno, siete, seis, uno, tres
4. Roberto: dos, diez y ocho, veinte, catorce
5. Felipe: seis, veinte y tres, quince, veinte y siete
6. Amalia: nueve, once, veinte y cinco, diez y ocho

1

Panorama de vocabulario

¿Qué hay en el salón de clase? _____

el salón de clase

la tiza

el borrador

la bandera

la cesta

la mesa

el pupitre

el mapa

el globo

el cuaderno

el bolígrafo

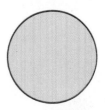

el círculo

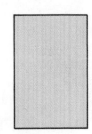

el rectángulo

la ventana

la regla

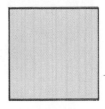

el cuadrado

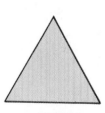

el triángulo

¡Aprende el vocabulario!

A. Imagine that a reporter is visiting your class.

Answer the reporter's question: **¿Qué es esto?** Follow the model.

Modelo:

Respuesta: **Es una regla.**

1.

4.

7.

2.

5.

8.

3.

6.

9.

B. How sharp are your eyes?

Look at the shaded area in each picture and identify its
shape. Follow the model.

Modelo:

Respuesta: **Es un rectángulo.**

1.    **2.**    **3.**    **4.**

C. Help the principal take inventory of objects in the classroom.

First, read the question. Then answer it after you have
counted each object.

Modelo: ¿Cuántas pizarras hay?
Respuesta: **Hay una pizarra.**

1.   ¿Cuántas ventanas hay?
2.   ¿Cuántos mapas hay?
3.   ¿Cuántos pupitres hay?
4.   ¿Cuántos borradores hay?
5.   ¿Cuántas mesas hay?
6.   ¿Cuántas puertas hay?

Los sonidos del idioma

Las vocales: La **a**

Escucha y repite.

muchacha	estás	nada
papa	pasa	llama
hasta	mamá	mapa

1. La mamá se llama Amalia.
2. ¿Cómo estás? Así, así.
3. Buenas tardes. Adiós. ¡Hasta mañana!

¿Qué hay en la mesa del alumno?

Identifying People and Things

How do the words **el** and **la** change when you talk about more than one person?

el alumno   **los** alumnos   **la** alumna   **las** alumnas

el muchacho   **los** muchachos   **la** muchacha   **las** muchachas

How do the words **el** and **la** change when you talk about more than one thing?

el cuaderno   **los** cuadernos   **la** bandera   **las** banderas

The words **el, los, la,** and **las** are called definite articles. Look at the lists below. Which words are used for talking about one person or thing? Which words are used for talking about more than one person or thing?

el libro   **los** libros   **la** ventana   **las** ventanas

el amigo   **los** amigos   **la** amiga   **las** amigas

¡Vamos a practicar!

A. Imagine that some visitors from Madrid are spending the afternoon with your class. They are very curious about the people and things in your classroom.

Look at each picture. Then complete the answer with one of these words: **el, los, la, las.** Follow the model.

Modelo:  ¿Qué es esto?

Es —— computadora.

Respuesta: Es la computadora.

1. ¿Quién es?

Es ——

profesora.

4. ¿Quiénes son?

Son ——

alumnas.

2. ¿Qué son estos?

Son ——

bolígrafos.

5. ¿Qué son estos?

Son ——

ventanas.

3. ¿Qué es esto?

Es —— regla.

6. ¿Qué es esto?

Es ——

cuaderno.

B. Now the visitors are showing you pictures of classrooms in Spain. It is your turn to ask them some questions.

First, read the questions. Then change the pictures into words. Follow the model.

Modelo: ¿Qué es esto? ¿Es  ?

Respuesta: **¿Es el cuaderno?**

1. ¿Qué son estos? ¿Son ?

2. ¿Quién es? ¿Es ?

3. ¿Qué es esto? ¿Es ?

4. ¿Qué son estos? ¿Son ?

C. Vicente is new in class. He wants to know who each person's friend is. Help him out.

First, read the names. Then form a sentence to answer the question. Follow the models.

Modelo: ¿Juana? (María)
Respuesta: Juana es la amiga de María.

Modelo: ¿Gregorio? (Samuel)
Respuesta: Gregorio es el amigo de Samuel.

Modelo: ¿Susana y Elena? (Bárbara)
Respuesta: Susana y Elena son las amigas de Bárbara.

1. ¿Estela? (Nora)
2. ¿Alberto? (Gustavo)
3. ¿Diana y Linda? (Marta)
4. ¿Ernesto y David? (Rogelio)
5. ¿Roberto? (Cecilia)

6. ¿Carlota? (Bernardo)
7. ¿Eduardo? (Ana y Juan)
8. ¿Adela? (José)
9. ¿Carmen y Luisa? (Margarita)
10. ¿Víctor y Julio? (Tomás)

Hugo es el amigo de Ramón.

Talking about People and Things

Words that end in the letters **-o** and **-a** add the letter **-s** when we talk about more than one.

el cuaderno	los cuadernos	la regla	las reglas
un libro	tres libros	una mesa	cinco mesas

Look at the following words. How do they end? How do they end when there is more than one?

el pupitre   los pupitre**s**   el hombre   los hombre**s**

Practice reading some questions and answers:

Pregunta: ¿Cuántos pupitres hay en el salón de clase?

Respuesta: Hay veinte pupitres.

Pregunta: ¿Cómo se llama el hombre?

Respuesta: El hombre se llama David Rodríguez.

Pregunta: ¿Quiénes son estos hombres?

Respuesta: Son los amigos del señor Rodríguez.

Now look at the following words. How do they change when there is more than one?

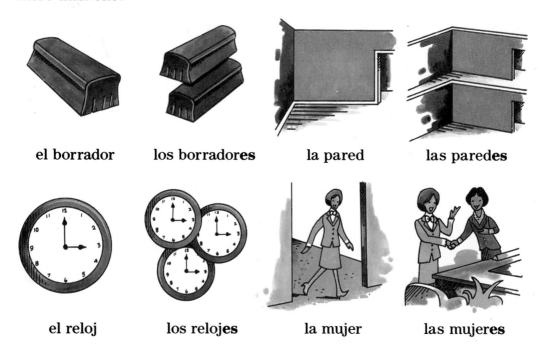

el borrador   los borrador**es**   la pared   las pared**es**

el reloj   los reloj**es**   la mujer   las mujer**es**

Practice reading the following questions and answers:

Pregunta: ¿Quién es el profesor?
Respuesta: El profesor es el señor Ibarra.

Pregunta: ¿Qué hay en el salón de clase?
Respuesta: Hay cuatro paredes en el salón de clase.

Pregunta: ¿Cuántos relojes hay en la pared?
Respuesta: Hay un reloj en la pared.

¡Vamos a practicar!

A. Griselda bumped her head and is seeing double. She sees two things, but you only see one.

Read each question and then answer it. Follow the model.

Modelo: ¿Hay dos papeles?

Respuesta: **No, no hay dos papeles. Hay un papel.**

1. ¿Hay dos globos?

5. ¿Hay dos mesas?

2. ¿Hay dos profesores?

6. ¿Hay dos mujeres?

3. ¿Hay dos pupitres?

7. ¿Hay dos relojes?

4.  ¿Hay dos paredes?

8. ¿Hay dos borradores?

B. How quickly can you answer each question? Remember to change the words when you talk about more than one.

Look at the pictures and answer the questions. Follow the model.

Modelo: ¿Cuántos hay?

Respuesta: **Hay tres relojes.**

1. ¿Cuántos hay?

5.  ¿Cuántas hay?

2. ¿Cuántos hay?

6. ¿Cuántos hay?

3. ¿Cuántos hay?

7. ¿Cuántos hay?

4. ¿Cuántos hay?

8. ¿Cuántos hay?

C. Imagine that you must count everything in the classroom, including the people!

Choose a partner. One of you will ask a question about the item in **a.** The other will answer it, using the number in **b.** Follow the model.

Modelo: a.   la pared

            b.   cuatro

Respuesta: a.   **¿Cuántas paredes hay?**

            b.   **Hay cuatro paredes.**

1.   a.   el borrador   **5.**   a.   la silla   **9.**   a.   el papel

      b.   doce   b.   veinte y ocho   b.   veinte y cinco

2.   a.   el alumno   **6.**   a.   la regla   **10.**   a.   el hombre

      b.   diez y ocho   b.   veinte y dos   b.   dos

3.   a.   el profesor   **7.**   a.   el pupitre   **11.**   a.   la mujer

      b.   un   b.   diez y nueve   b.   tres

4.   a.   el reloj   **8.**   a.   el cuaderno   **12.**   a.   el globo

      b.   dos   b.   veinte y siete   b.   dos

¡A conversar!

Olga y sus preguntas

OLGA: ¡Hola, Carlos! ¿Cómo estás?

CARLOS: Muy bien, Olga. ¿Y tú?

OLGA: Muy bien. ¿Qué es esto?

CARLOS: Es un bolígrafo.

OLGA: ¿Qué es esto? ¿Es un bolígrafo?

CARLOS: No, Olga, no es un bolígrafo.
Es un triángulo.

OLGA: Carlos, ¿qué es . . . ?

CARLOS: ¡Hasta luego, Olga! ¡Qué latosa!

Preguntas

1. ¿Cómo se llama la muchacha?

2. ¿Cómo se llama el muchacho?

3. ¿Cómo está el muchacho?

4. ¿Cómo está la muchacha?

¡A divertirnos!

Lolín y Joaquín en el salón de clase

Mira los dos salones de clase. ¿Qué falta en el salón número dos?

1.

2.

La cultura y tú

Let's Visit Other Schools

Look at the pictures on these two pages. All the students in the photographs speak Spanish. Many of them are learning English, just as you are learning Spanish. Practice your skills of observation as you answer the questions for each picture.

San José, Costa Rica.

1. ¿Cuántas alumnas hay?
2. ¿Cuántos alumnos hay?
3. ¿Cuántas profesoras hay?

Un salón de clase en Chile.

1. ¿Qué hay en el salón de clase?
2. ¿Hay un escritorio?
3. ¿Cuántos alumnos hay en la clase?

Un salón de clase en España.

1. ¿Sí o no? Hay veinte libros en el escritorio.

2. ¿Sí o no? Hay un profesor en el salón de clase.

3. ¿Sí o no? Hay doce alumnas en el salón de clase.

Un salón de clase en Colombia.

1. ¿Hay una profesora en el salón de clase?

2. ¿Hay muchos alumnos o hay muchas alumnas en la clase?

3. ¿Hay un mapa en la pared?

2

Panorama de vocabulario

¿Cuáles son los colores? _____

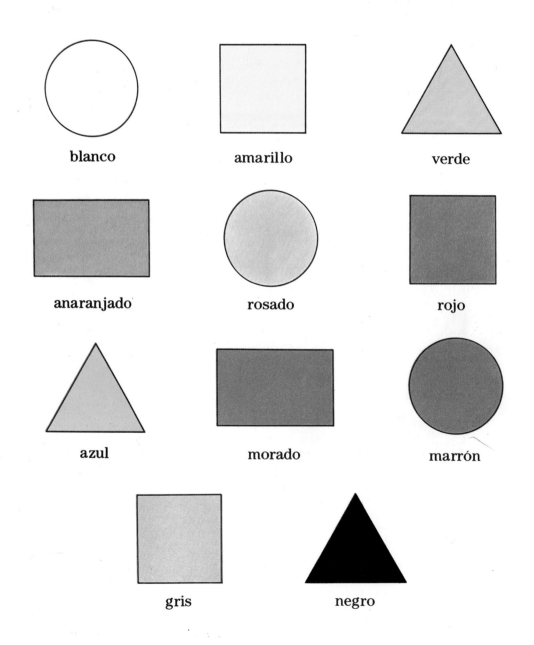

blanco   amarillo   verde

anaranjado   rosado   rojo

azul   morado   marrón

gris   negro

¿De qué color es el animal? _____

el perro

el canario

el loro

el tigre

el flamenco

la mariposa

el pájaro

el pez

el conejo

el ratón

el oso

¿Cómo es el animal? _____

grande

pequeño

largo

corto

claro

oscuro

¡Aprende el vocabulario!

A. Little Pepito asks a lot of questions.

Look at each picture and answer his question: **¿Qué color es éste?** Follow the model.

Modelo: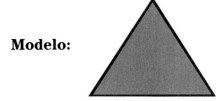

Respuesta: **Es anaranjado.**

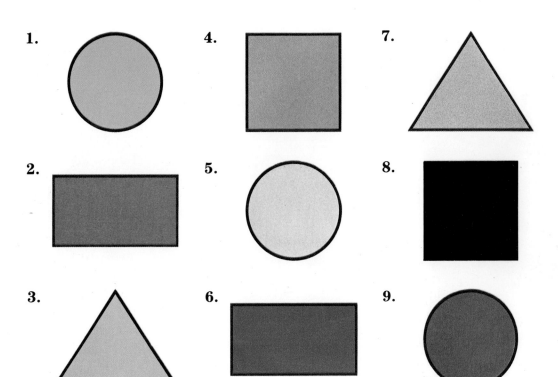

1.

2.

3.

4.

5.

6.

7.

8.

9.

B. Imagine that a visitor from outer space has never seen an animal from earth before. Help the visitor by naming each animal.

Look at each picture and write or say the name of the animal. Follow the model.

Modelo:

Respuesta: **Es un perro.**

1.

2.

3.

4.

5.

6.

7.

8.

9.

C. Look at the objects in your classroom and the things you use in school.

Say as much as you can about each object by answering the questions. Follow the model.

Modelo: el bolígrafo
  a. ¿De qué color es?
  b. ¿Es largo o corto?

Respuesta: **El bolígrafo es blanco y azul. Es largo.**

1. la pizarra
   a. ¿De qué color es?
   b. ¿Es grande o pequeña?

2. la tiza
   a. ¿De qué color es?
   b. ¿Es larga o corta?

3. un cuaderno
   a. ¿De qué color es?
   b. ¿Es grande o pequeño?

4. el reloj
   a. ¿De qué color es?
   b. ¿Es grande o pequeño?

5. la puerta
   a. ¿De qué color es?
   b. ¿Es grande o pequeña?

6. una regla
   a. ¿De qué color es?
   b. ¿Es larga o corta?

7. una mesa
   a. ¿De qué color es?
   b. ¿Es larga o corta?

8. un escritorio
   a. ¿De qué color es?
   b. ¿Es grande o pequeño?

9. la pared
   a. ¿De qué color es?
   b. ¿Es oscura o clara?

10. el borrador
   a. ¿De qué color es?
   b. ¿Es oscuro o claro?

D. **¿Cuál es tu animal favorito?** Each of the following students has described his or her favorite animal in rebus sentences.

Change each picture to a word and read the sentences. On a separate sheet of paper, make up two rebus sentences about your favorite animal.

1. Amalia: Mi animal favorito es . Es grande

y .

2. Gregorio: Mi animal favorito es . Es

y .

3. Diego: Mi animal favorito es . Es

y .

4. Carmen: Mi animal favorito es . Es

y .

Los sonidos del idioma

Las vocales: La o

Escucha y repite.

mozo	tomo	lobo
mono	pongo	dos
globo	foto	los

1. Los libros del alumno son buenos.
2. Doce alumnos toman fotos en el salón de clase.
3. Unos señores ponen once escritorios en el salón.

¿Cómo es la mariposa? ¿De qué color es?

Using Descriptive Words

Look at the pictures and the sentences. How does the adjective, or descriptive word, change when it refers to more than one thing?

El os**o** es negr**o**.

Los os**os** son negr**os**.

La mariposa es amarill**a**.

Las mariposa**s** son amarill**as**.

El perr**o** es grande.

Los perr**os** son grand**es**.

Now read the following sentences. How do the words **rojo, verde,** and **pequeño** change? When do they change?

La mes**a** es roj**a.**	Las mes**as** son roj**as.**
El libr**o** es roj**o.**	Los libr**os** son roj**os.**
La pizarr**a** es verd**e.**	Las pizarr**as** son verd**es.**
El lor**o** es verd**e.**	Los lor**os** son verd**es.**
El rat**ón** es pequeñ**o.**	Los rat**ones** son pequeñ**os.**
La clas**e** es pequeñ**a.**	Las clas**es** son pequeñ**as.**

Practice reading the following questions and answers:

Pregunta: ¿Cuántos libros rojos hay?
Respuesta: Hay veinte libros rojos.

Pregunta: ¿De qué color es la tiza?
Respuesta: La tiza es blanca.

Pregunta: ¿Cómo es el pez?
Respuesta: El pez es pequeño y corto.

Pregunta: ¿De qué color son las paredes?
Respuesta: Las paredes son verdes.

Every now and then you will find a word that does not fit the patterns. Read the question and answer below. How do the descriptive words end? What clue do you have for the endings of the adjectives?

Pregunta: ¿De qué color es **el mapa**?
Respuesta: El map**a** es roj**o,** blanc**o** y negr**o.**

¡Vamos a practicar!

A. Josefina has begun some sentences about her favorite things. Help her describe each thing by choosing the correct adjective.

Read and complete each sentence. Follow the model.

Modelo: El bolígrafo es (rosado, rosados).

Respuesta: **El bolígrafo es rosado.**

1.  La silla es (morada, moradas).

2.  Los conejos son (gris, grises).

3. Los canarios son (amarillo, amarillos).

4. Las mariposas son (azul, azules).

B. Now help Alberto complete his list of favorite things.

Read and complete each sentence. Follow the model.

Modelo: El ratón es (pequeño, pequeña).

Respuesta: **El ratón es pequeño.**

1.  Los perros son (blancos, blancas).

2.  La bandera es (negro, negra).

3.  El pupitre es (pequeño, pequeña).

4. 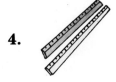 Las reglas son (largos, largas).

C. How quickly can you describe some things in your classroom?

Choose five items in your classroom. Make up at least one sentence to describe each item. Read the examples below.

Modelo: 1. El pupitre es marrón.
2. Las ventanas son largas.
3. Los bolígrafos azules son pequeños.
4. La pizarra es negra.
5. El reloj es blanco y negro. El reloj es grande.

D. Choose a partner. One of you will be the interviewer and the other will answer the questions. Then switch roles.

Write five questions to ask your partner. Some sample questions and answers are given below.

Pregunta: ¿Cómo es el escritorio?
Respuesta: El escritorio es grande.

Pregunta: ¿De qué color es la bandera?
Respuesta: La bandera es roja, blanca y azul.

Pregunta: ¿Cómo son los tigres?
Respuesta: Los tigres son grandes.

Pregunta: ¿De qué color es el mapa?
Respuesta: El mapa es amarillo, verde y marrón.

Talking about Things in General

Look at the pictures and the sentences. How do the words **un** and **una** change when they refer to several or a few?

Hay **un** gato.

Hay **unos** gatos.

Hay **una** pluma.

Hay **unas** plumas.

Hay **un** pez.

Hay **unos** peces.

Hay **una** pared.

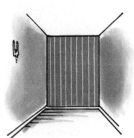

Hay **unas** paredes.

The words **un, unos, una,** and **unas** are called indefinite articles. Indefinite articles match, or agree with, the words they precede. For example, you use **un** with **gato** because **gato** ends in **-o** and is a masculine word. On the other hand, you use **una** with **pluma** because **pluma** ends in **-a** and is a feminine word.

Compare the following questions and answers. When do you use the indefinite article? When do you use the definite article (**el, los, la, las**)?

General	Specific
¿Qué es esto?	¿De qué color es el oso?
Es un oso.	El oso es marrón.
¿Qué son estos?	¿De qué color son los flamencos?
Son unos flamencos.	Los flamencos son rosados.
¿Qué es esto?	¿Cómo es el lápiz rojo?
Es un lápiz rojo.	El lápiz rojo es corto.

¡Vamos a practicar!

A. You are playing a guessing game. Your opponent only has one chance to guess.

Look at the picture and read the question. Answer each question, using **un, unos, una,** or **unas.** Follow the model.

Modelo:

¿Es un pájaro?

Respuesta: **No, no es un pájaro. Es una pluma.**

1.

¿Son unos perros?

4.

¿Son unos canarios?

2.

¿Es una mariposa?

5.

¿Es un ratón?

3.

¿Es un tigre?

6.

¿Son unos flamencos?

Este animal es una tortuga. ¿Es grande o pequeña la tortuga?

B. You have turned the classroom into a funhouse! How quickly can you identify the crazy things you see?

Look at each picture and answer the question. Follow the model.

Modelo:    ¿Qué hay en el salón de clase?

Respuesta: **Hay un muchacho y un tigre.**

1. 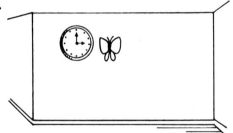   ¿Qué hay en la pared?

2.    ¿Qué hay en el escritorio?

3.    ¿Qué hay en la cesta?

4.    ¿Qué hay en el pupitre?

5.    ¿Qué hay en la mesa?

6.    ¿Qué hay en el globo?

C. Imagine that you are a contestant on a game show. If you answer all the questions, you will win the grand prize!

First, look at the picture. Then answer each question. Follow the model.

Modelo:
a. ¿Qué es esto?
b. ¿Cómo es?

Respuesta:
a. **Es un oso.**
b. **El oso es grande.**

1.
a. ¿Qué es esto?
b. ¿De qué color es?

2.
a. ¿Qué son estos?
b. ¿De qué color son?

3.

    a. ¿Qué es esto?

    b. ¿Cómo es?

4.

    a. ¿Qué son estos?

    b. ¿De qué color son?

5.

    a. ¿Qué son estos?

    b. ¿De qué color son?

D. Every good scientist learns how to classify specific things in general groups. Practice your scientific skills!

First read each pair of words. Then form a sentence with each pair. Follow the model.

    Modelo: señora Martínez / mujer

    Respuesta: **La señora Martínez es una mujer.**

1. canario / pájaro   **4.** señorita Luna / mujer

2. señor Gómez / hombre   **5.** oso / animal

3. alumna / muchacha   **6.** alumno / muchacho

¡A conversar!

¡Qué confusión! _____

ANA: Por favor, Marcos, pásame el círculo rojo.

MARCOS: ¿El círculo grande?

ANA: No, Marcos, el círculo pequeño. Gracias.
Marcos, pásame un triángulo azul.

MARCOS: ¿El triángulo azul oscuro?

ANA: No, Marcos, el triángulo azul claro. Gracias.
Ahora, pásame un rectángulo amarillo.

MARCOS: ¿Un rectángulo grande?

ANA: No, Marcos, un rectángulo pequeño. Muchas gracias.
Por favor, Marcos, pásame . . .

MARCOS: ¡Adiós, Ana! ¡Hasta la vista!

ANA: ¡Marcos!

Preguntas

1. ¿Cómo se llama el muchacho?
2. ¿Cómo se llama la muchacha?
3. ¿Cómo es el círculo rojo?
4. ¿De qué color es el triángulo?
5. ¿Cómo es el rectángulo amarillo?

¡A divertirnos!

Lolín y Joaquín en la tienda de animales

Mira la tienda de animales. ¿De qué color es cada animal? ¿Cuál es el color correcto?

La cultura y tú

Las Islas de Galápagos

Some very unusual animals live in the Galápagos Islands, off the coast of Ecuador. They live nowhere else in the world. Many of the animals are endangered species. The government of Ecuador has passed laws to protect the animals on these islands.

Look at the pictures and read the captions to learn the names of the animals. Then answer the questions to test your skills of observation.

Este animal es un león marino.

1. ¿Es grande o pequeño?
2. ¿De qué color es el león marino?

Este animal es un lagarto.

1. ¿Es grande o pequeño?
2. ¿Es largo o corto?

Este lagarto es una iguana.

1. ¿Es grande o pequeña la iguana?

2. ¿Es larga o corta?

Esta tortuga es un galápago.

1. ¿Cómo es el galápago?

2. ¿Es de un color oscuro o claro?

Mira los pájaros. Son pájaros de las Islas de Galápagos. ¿De qué colores son?

Este pájaro es una fragata.

Este pájaro es un pájaro bobo alcatraz.

Este pájaro es un pájaro bobo de patas azules.

3

Panorama de vocabulario

¿Cuáles son los días de la semana? _____

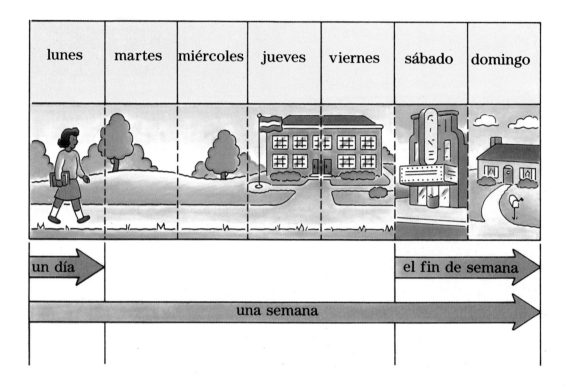

lunes	martes	miércoles	jueves	viernes	sábado	domingo

un día →   el fin de semana →

una semana →

la escuela

el cine

la casa

¿Qué día es hoy? _____

hoy

el calendario

lunes	martes	miércoles	jueves	viernes	sábado	domingo
	~~1~~	~~2~~	~~3~~	~~4~~	~~5~~	~~6~~
⑦	8	9	10	11	12	13
			esta semana			
14	15	16	17	18	19	20
			la próxima semana			
21	22	23	24	25		

¡Aprende el vocabulario!

A. Teresa has misplaced her calendar.

Look at the calendar below. Answer her questions about the days of the week. Follow the model.

lunes	martes	miércoles	jueves	viernes	sábado	domingo
				1	2	3
4	5	6	7	8	9	10
11	12	13	14	15	16	17
18	19	20	21	22	23	24
25	26	27	28	29	30	

Modelo:　¿Qué día es el once?
Respuesta:　**Es el lunes.**

1. ¿Qué día es el seis?
2. ¿Qué día es el ocho?
3. ¿Qué día es el veinte y cinco?
4. ¿Qué día es el trece?
5. ¿Qué día es el doce?

6. ¿Qué día es el treinta?
7. ¿Qué día es el veinte y ocho?
8. ¿Qué día es el diez?
9. ¿Qué día es el quince?
10. ¿Qué día es el diez y nueve?

B. Juan is very impatient. He always wants to know what is coming next.

Write or say the day of the week that comes after each word or phrase. Follow the model.

Modelo: jueves
Respuesta: viernes

1. lunes
2. miércoles
3. sábado
4. martes

5. domingo
6. viernes
7. el fin de semana
8. jueves

C. Plan ahead! Where will you be each day this week? Where will you be next week?

Write two columns like the ones in the model. Then write each day of the week. Beside each day, write the name of the place where you will be. If you don't know for sure, make something up. Use the model as an example of what you could write.

Modelo: **esta semana**

lunes: la escuela,
la casa de David
martes: la escuela,
la casa de Julia

la próxima semana

lunes: la escuela,
el cine, la casa
martes: la escuela,
la casa

Los sonidos del idioma

Las vocales: La **e** y la **u**

Escucha y repite.

Ernesto	bebe	Úrsula	azul
enero	leche	uvas	luna
trece	gente	púrpura	busca

1. El pez de Tere bebe leche.
2. Úrsula busca uvas púrpuras.
3. La mesa de Lupe es azul.
4. La gente ve la luna el lunes.

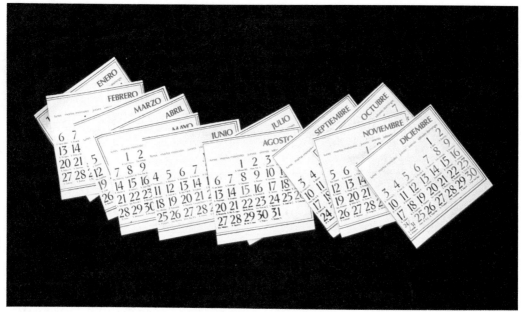

¿Cuáles son los días de la semana?

Talking about Going Places

In each set of sentences, what words are different? Look at the picture above each sentence. Why do you think a different word is used?

Voy a la escuela.

Vas a la escuela.

Va a la escuela.

Voy a la casa.

Vas a la casa.

Juan **va** a la casa.

Voy al cine.

Vas al cine.

Elena **va** al cine.

The words **voy, vas,** and **va** are forms of the same verb. They come from the infinitive of the verb **ir,** which means "to go."

Practice reading the following questions and answers:

Pregunta: ¿Vas a la escuela hoy?
Respuesta: No, no voy a la escuela hoy.

Pregunta: ¿Va Pedro al cine esta semana?
Respuesta: Sí, Pedro va al cine esta semana.

Pregunta: ¿Va Carmen a la casa?
Respuesta: Sí, va a la casa.

¡Vamos a practicar!

A. Where are your friends going? Imagine that you have asked each friend a question about where he or she is going. How does each one answer?

First read the question. Then look at the picture and answer the question. Follow the model.

Modelo:

Antonia, ¿vas a la casa?

Respuesta: No, no voy a la casa. Voy a la escuela.

1.

Eduardo, ¿vas al cine?

3.

Pilar, ¿vas a la casa?

2.

Jaime, ¿vas a la escuela?

4.

Berta, ¿vas a la escuela?

B. Isabel is curious about where other people are going today.

Read each question and look at the words in parentheses. Then answer the question. Follow the model.

Modelo: ¿Va María a la escuela hoy?   (al cine)
Respuesta: **No, va al cine hoy.**

1. ¿Va Julio a la casa hoy?   (a la escuela)
2. ¿Va Carlota al cine hoy?   (a la casa)
3. ¿Va Inés al cine hoy?   (a la escuela)
4. ¿Va Roberto a la escuela hoy?   (al cine)
5. ¿Va Paco a la escuela hoy?   (a la casa)
6. ¿Va Betina a la casa hoy?   (al cine)

C. Half the class is going on a field trip this week. The other half is going next week. Look at the schedule to see who goes when.

First find each name on the schedule. Then write a sentence about the student. Follow the model.

nombre	esta semana	la próxima semana
Alberto		X
Anita	X	
Clara		X
Chemo		X
Daniel	X	
Emilio	X	
Francisco		X
Graciela	X	
Linda		X
Marta	X	

Modelo: ¿Daniel?

Respuesta: **Daniel va esta semana.**

1. ¿Francisco?   4. ¿Linda?   7. ¿Marta?
2. ¿Clara?   5. ¿Emilio?   8. ¿Chemo?
3. ¿Anita?   6. ¿Alberto?   9. ¿Graciela?

Talking about the Days of the Week

Look at the calendar and then read the questions and answers below it.

Esta semana						
lunes	martes	miércoles	jueves	viernes	sábado	domingo
la escuela y la clase de piano	la escuela	la escuela y la casa de Juan	la escuela	la escuela	el cine	la casa

¿Qué día vas al cine?

Voy al cine **el** sábado.

¿Vas a la clase de piano **los** lunes?

Sí, voy a la clase de piano **los** lunes.

¿Cuándo vas a la escuela?

Voy a la escuela **los** lunes, **los** martes, **los** miércoles, **los** jueves y **los** viernes.

¿Vas a la escuela **los** domingos?

No, no voy a la escuela **los** domingos.

¿Adónde vas **el** miércoles?

Voy a la casa de Juan **el** miércoles.

What words are in heavy black letters? When do you use those words with the days of the week?

How observant are you?

What is the first day of the week on a calendar in Spanish? How is it different from the calendar you use?

Which days of the week are spelled with accent marks?

What kinds of letters do you use to spell the days of the week in Spanish? Are they capital letters or lowercase letters?

¡Vamos a practicar!

A. Miguel has written some activities for this week on his calendar.

First study the calendar. Then read and answer the questions. Follow the model.

El calendario de Miguel						
lunes	martes	miércoles	jueves	viernes	sábado	domingo
la escuela y la clase de piano	la escuela	¡No hay clases! el cine: "Los flamencos de Miami"	la escuela y la clase de piano	la escuela y la casa de Inés	la casa de Paco	la casa y el cine: "El tigre grande"

Modelo: ¿Cuándo va a la casa de Paco?

Respuesta: **Va a la casa de Paco el sábado.**

1. ¿Cuándo va a la casa de Inés?
2. ¿Cuándo va a la escuela?
3. ¿Cuándo va a la clase de piano?

4. ¿Cuándo va al cine?
5. ¿Cuándo no va a la escuela?

B. Your pen pal from Costa Rica wants to know more about you.

First read the questions. Then answer each one. See the model for a sample question and answer.

Modelo: ¿Adónde vas los lunes?
Respuesta: Voy a la escuela los lunes.

1. ¿Cuándo vas a la escuela?
2. ¿Vas a la escuela los sábados?
3. ¿Adónde vas los domingos?
4. ¿Cuándo vas al cine?
5. ¿Cuándo vas a la casa de un amigo?
6. ¿Cuándo vas a la casa de una amiga?

C. Busy, busy, busy! How well do you remember all your activities? Make a calendar like Miguel's in exercise A. Write as many activities as you can for each day.

Exchange calendars with a partner. Ask your partner at least three questions about his or her calendar. Study the sample questions first.

1. ¿Cuándo vas a la escuela?
2. ¿Adónde vas el sábado?
3. ¿Qué día vas a la casa de un amigo?

¡A conversar!

¿Adónde va Isidro?

CARMEN: ¡Hola, Isidro!

ISIDRO: ¿Qué tal, Carmen?

CARMEN: Muy bien, gracias. Durante la semana, ¿adónde vas?

ISIDRO: Los lunes y los martes voy a la escuela. Voy con dos cuadernos y tres libros. Los miércoles y los jueves voy a la escuela con seis libros.

CARMEN: ¿Y los viernes?

ISIDRO: Hoy voy a la escuela con el lápiz amarillo, tres libros y un cuaderno.

CARMEN: Isidro, ¡hoy es sábado! ¡No vas a la escuela hoy!

Preguntas

1. ¿Cómo se llama el muchacho?
2. ¿Cómo se llama la muchacha?

3. ¿Adónde va Isidro durante la semana?

4. ¿Con qué va a la escuela los viernes?

5. ¿Qué día es hoy? ¿Adónde va Isidro?

¡Conversa tú!

1. ¿Adónde vas durante la semana?

2. ¿Adónde vas los viernes?

3. ¿Adónde vas los fines de semana?

¡A divertirnos!

Lolín y el calendario

Mira el calendario.
Contesta la pregunta
de Joaquín.

Esta semana en los Almacenes Segovia

People love to check their daily newspapers for special sales. The department store **Almacenes Segovia** is holding a sale every day this week. Read the advertisement to find out what is on sale. Try to guess the meaning of words you don't know.

¡Atención! ¡Alumnos! ¡Profesores!

¡Esta semana hay de todo para la escuela!

Los especiales del día

LUNES	MARTES	MIÉRCOLES	JUEVES	VIERNES	SÁBADO
libros	bolígrafos	cuadernos en colores	sillas y mesas	globos y mapas	papel cuadriculado
		rojo amarillo azul verde			

Almacenes Segovia: todo para el salón de clase

Abierto del lunes al viernes y el sábado en la tarde
Cerrado los domingos
318 Avenida Cisneros, tel. 219-2217

Primer repaso

A. Una conversación entre amigos _____

PAULA: ¡Hola, Miguel! ¿Cómo estás?

MIGUEL: ¡Buenas tardes, Paula! Estoy así, así. ¿Y tú?

PAULA: Estoy muy bien.

MIGUEL: ¿Qué son estos?

PAULA: Son unos peces pequeños. El pez es mi animal favorito.

MIGUEL: ¿Cuántos peces hay?

PAULA: Hay cuatro peces. Miguel, ¿cuál es tu animal favorito?

MIGUEL: Es el perro.

PAULA: ¿De qué color es tu perro favorito?

MIGUEL: Es blanco, negro y marrón.

PAULA: ¡Adiós, Miguel! Voy a casa. Hasta el lunes.

MIGUEL: Voy al cine ahora. ¡Nos vemos pronto!

Preguntas

1. ¿Cómo se llama la muchacha?
2. ¿Cómo se llama el muchacho?
3. ¿Cómo son los peces?
4. ¿De qué color es el perro?
5. ¿Adónde va Paula?
6. ¿Adónde va Miguel?

B. Ahora ... ¡tú!

Choose a partner. Select at least five questions from the list to ask your partner. Work together to make up a conversation. Don't forget to say hello and good-bye!

1. ¿Cómo te llamas?
2. ¿Cómo estás?
3. ¿Qué es esto?
4. ¿De qué color es?
5. ¿Cómo es? ¿Es grande o pequeño?

6. ¿Es oscuro o claro?
7. ¿Es largo o corto?
8. ¿Qué son estos?
9. ¿Cómo son?
10. ¿Cuántos —— hay en la clase?

C. Mira los dibujos

Imagine that you are visiting a gallery of modern art.

Look at the pictures and answer the questions. Follow the model.

Modelo: ¿Qué hay en el cuadrado?

Respuesta: **Hay cuatro ratones en el cuadrado.**

1. ¿Cuántos loros hay?
2. ¿Hay cinco canarios en el triángulo?
3. ¿De qué color son los flamencos?
4. ¿Cuáles son los animales amarillos?

5. ¿Qué hay en el círculo?
6. ¿Son azules los ratones?
7. ¿Es rojo el loro?
8. ¿Cuántos animales hay?

CH. Una foto de Cuba _____

Imagine that your pen pal from Cuba has sent you this picture. You have been asked to talk about it in class.

First look carefully at the picture. Then read the questions. Prepare to talk about the picture by writing your answers to the questions.

1. ¿Cuántas pizarras hay en el salón de clase?
2. ¿De qué color es la pizarra?
3. ¿Hay unos pupitres en el salón de clase?
4. ¿Cuántas alumnas hay?
5. ¿Cuántos alumnos hay?
6. ¿Hay tiza en el escritorio?
7. ¿Hay libros en el escritorio?
8. ¿Hay una silla?
9. ¿Hay un reloj en la pared?
10. ¿Hay un profesor o hay una profesora?

D. Un juego de palabras _____

How quickly can you unscramble the answer to each question?

First read the question and the mixed-up answer. Then write the answer on a separate sheet of paper. Follow the model.

> **Modelo:** ¿Adónde va la profesora?
>
> va / salón / al / La profesora / de clase.
>
> **Respuesta: La profesora va al salón de clase.**

1. ¿Vas a la escuela el domingo?

   No, / a la / el domingo. / no / voy / escuela

2. ¿De qué color es la pizarra, verde claro o verde oscuro?

   es / verde / La pizarra / oscuro.

3. ¿Qué hay en el escritorio?

   un / regla / y / una / libro. / Hay

4. ¿Cuántos días hay en una semana?

   Hay / días / semana. / siete / una / en

E. En tus palabras _____

Imagine that your parents' friend from Mexico has come to visit. Of course, he asks you questions that adults usually ask young people.

First read the questions. Then answer the questions in your own words.

1. ¿Vas a la escuela?
2. ¿Cómo se llama la escuela?
3. ¿Es grande o pequeña la escuela?
4. ¿Cuál es tu día favorito?

---

5. ¿Vas a la escuela en tu día favorito?

6. ¿Cuántos alumnos hay en la clase?

7. ¿Son grandes o pequeños los pupitres?

8. ¿Cómo se llama el profesor o la profesora?

9. ¿Vas al cine los fines de semana?

10. ¿Adónde vas esta semana?

F. En el correo ─────────────────────────

A letter has come for you in the mail. It is from Margarita Pacheco in Venezuela.

First read the letter. Then answer the questions that Margarita asks you. Use Margarita's letter as a model.

> sábado, 12
>
> ¡Hola!
>
> ¿Cómo estás? Hoy es sábado. Voy al cine. Voy con unos amigos—José, Luis y Catalina. ¿Adónde vas hoy?
>
> ¿Adónde vas la próxima semana? La próxima semana voy a la casa de mi amiga Emilia. Hay unos animales en la casa. Hay tres loros, veinte y nueve peces y un gato. El gato se llama Hércules. Es muy grande. Es gris y anaranjado. ¿Cuál es tu animal favorito? ¿Hay unos animales en la casa?
>
> ¡Hasta luego!
>
> *Margarita*

4

Panorama de vocabulario

¿Adónde vas? _____

¿Adónde voy?

la clase de
computadoras

la clase
de arte

el gimnasio

la biblioteca

la clase
de música

¿Qué vas a hacer?

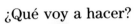
¿Qué voy a hacer?

usar la
computadora

pintar

estudiar

practicar
los deportes

cantar

¡Aprende el vocabulario!

A. Where is everyone going?

Look at each picture to answer the question. Follow the model.

Modelo:

¿Adónde va Enrique?

Respuesta: Va a la clase de música.

1.

¿Adónde va Josefina?

3.

¿Adónde va Gilberto?

2.

¿Adónde va Juanito?

4.

¿Adónde va Luisa?

B. What do you do in each place?

Match the activity on the left with the appropriate place on the right. Follow the model.

Modelo:

Respuesta: **pintar: b. la clase de arte**

1.

2.

        a. la clase de computadoras

        b. la clase de arte

        c. la biblioteca

3.

        ch. la clase de música

        d. el gimnasio

4.

C. Francisco has written his schedule for a few days.

Look at the days and the places. Then answer each question. Follow the model.

lunes	miércoles	viernes
la escuela	la escuela	la escuela
la clase de música	el gimnasio	el gimnasio
la biblioteca	la clase de arte	la clase de computadoras
	la casa de Felipe	el cine—Elena y Luis

Modelo: ¿Cuándo va a la escuela?

Respuesta: Va a la escuela el lunes, el miércoles y el viernes.

1. ¿Cuándo va al gimnasio?
2. ¿Cuándo va a la clase de música?
3. ¿Cuándo va a la casa de Felipe?
4. ¿Cuándo va a la biblioteca?
5. ¿Cuándo va a la clase de computadoras?
6. ¿Cuándo va al cine con Elena y Luis?
7. ¿Adónde va el lunes?
8. ¿Adónde va el viernes?

D. What is your schedule this week? Make one up!

Make up a schedule like Francisco's. Choose two or three days and write two or more places under each day. Then exchange schedules with a partner and practice asking and answering questions. Follow the models for sample questions.

Modelos: ¿Adónde vas el jueves?

¿Cuándo vas al gimnasio?

Los sonidos del idioma

Las vocales: La i

Escucha y repite.

Isidro	cinco	gris
tiza	mira	lista
pinto	libro	disco

1. La tiza amarilla es mía.
2. Hay cinco libros en la oficina.
3. Anita va al cine con Isidro los domingos.

¡Hola! Voy al gimnasio todos los días para practicar los deportes.

Expressing Actions in the Future

How do you say someone is going to do something? Study the pictures and the sentences. Are the people doing the action now?

Voy a pintar.

Vas a pintar.

Va a pintar.

Voy a estudiar.

Vas a estudiar.

Va a estudiar.

The words **pintar** and **estudiar** are verbs. They are also infinitives. What two letters are at the end of these infinitives? What kinds of words are. **cantar, practicar,** and **usar?**

Now read the following sentences. Three words in each sentence tell you what the person is going to do.

Pepe **va a estudiar** mañana.

Carmen, ¿**vas a usar** la computadora hoy?

Ana **va a cantar** el sábado.

¡Vamos a practicar!

A. Felipe has a cold and must stay in bed for a few days. He wants to know what you are going to do tomorrow.

First read the question. Then look at the picture and answer **sí** or **no.** Follow the model.

Modelo: ¿Vas a cantar mañana?

Respuesta: **No, no voy a cantar mañana.**

1. ¿Vas a ir al cine mañana?

2. ¿Vas a pintar mañana?

3. ¿Vas a estudiar mañana?

4. ¿Vas a practicar los deportes mañana?

5. ¿Vas a usar la computadora mañana?

6. ¿Vas a ir al gimnasio mañana?

B. Now Felipe wants to know what other people are going to do.

First read the question. Then use the word or words in parentheses to answer the question. Follow the model.

> **Modelo:** ¿Qué va a hacer Rogelio?
>
> (practicar los deportes)
>
> **Respuesta: Rogelio va a practicar los deportes.**

1. ¿Qué va a hacer Sonia?
    (ir a la clase de música)

2. ¿Qué va a hacer Carlos?
    (usar la computadora)

3. ¿Qué va a hacer Gustavo?
    (pintar)

4. ¿Qué va a hacer Amalia?
    (practicar los deportes)

5. ¿Qué va a hacer Víctor?
    (estudiar)

6. ¿Qué va a hacer Gloria?
    (ir al gimnasio)

7. ¿Qué va a hacer Tomás?
    (cantar)

8. ¿Qué va a hacer Celia?
    (ir al cine)

9. ¿Qué va a hacer Miguel?
    (practicar los deportes)

10. ¿Qué va a hacer Blanca?
    (ir a la escuela)

C. Consuelo doesn't have any plans for this afternoon. She wants to know what other people are going to do.

First look at the picture and then answer the question. Follow the model on the next page.

Modelo:

¿Qué va a hacer Manuel?

Respuesta: **Manuel va a usar la computadora.**

1.

¿Qué va a hacer Rita?

3.

¿Qué va a hacer Pablo?

2.

¿Qué va a hacer Hugo?

4.

¿Qué va a hacer Eva?

Talking about Actions

How do you change verbs to express your own actions? How do you change them to talk about other people's actions? Study the pictures and read the sentences.

Pint**o** muy bien.

Pint**as** muy bien.

Pint**a** muy bien.

Estudi**o** mucho.

Estudi**as** mucho.

Luis estudi**a** mucho.

Cant**o** en la clase.

Cant**as** en la clase.

Iris cant**a** en la clase.

You already know that **pintar, estudiar,** and **cantar** are infinitives of verbs. They are called **-ar** verbs. Study the following chart.

pint**ar**	pint**o**	pint**as**	pint**a**
estudi**ar**	estudi**o**	estudi**as**	estudi**a**
practic**ar**	practic**o**	practic**as**	practic**a**
us**ar**	us**o**	us**as**	us**a**

What ending do you use to talk about yourself?

What ending do you use to talk to a friend directly?

What ending do you use to talk about a third person?

Practice reading the following questions and answers:

Pregunta: ¿Estudias mucho en la biblioteca?

Respuesta: Sí, estudio mucho en la biblioteca.

Pregunta: ¿Dónde canta Guillermo?

Respuesta: Guillermo canta en la clase de música.

Pregunta: ¿Cuándo usa Norma la computadora?

Respuesta: Usa la computadora los viernes.

Pregunta: ¿Practica los deportes la señora Villa?

Respuesta: Sí, practica mucho los deportes.

¡Vamos a practicar!

A. Mrs. Carrasco is visiting your class. She asks you about what different students do.

First read the question. Then look at the picture to give your answer. Follow the model.

> **Modelo:** ¿Qué hace Marta?

> **Respuesta:** **Marta practica los deportes.**

1. ¿Qué hace Ramón?

2. ¿Qué hace Victoria?

3. ¿Qué hace Jorge?

4. ¿Qué hace Bárbara?

5. ¿Qué hace Samuel? **6.** ¿Qué hace Luisa?

B. Now Mrs. Carrasco wants to know what you do.

Read each question. Give an answer that is true for you.
First read the model question and answer.

> **Modelo:** ¿Practicas mucho los deportes?
> **Respuesta:** **Sí, practico mucho los deportes.**

1. ¿Estudias mucho los sábados?
2. ¿Pintas muy bien?
3. ¿Practicas los deportes en el gimnasio?
4. ¿Cantas en la clase de música?
5. ¿Usas la computadora en la escuela?

C. Imagine that you are writing an article for the school newspaper. You must first gather information from your classmates.

Choose a classmate to interview. Ask at least three
questions about his or her activities. Write the answers in
a paragraph. First study the sample paragraph.

Raúl pinta mucho. Pinta en la clase de arte. Pinta los lunes, los
martes, los jueves y los viernes.

¡A conversar!

Una muchacha extraña

TERESA: ¿Adónde vas, Pablo?

PABLO: Voy a las clases.

TERESA: ¿Qué vas a hacer en la clase de computadoras?

PABLO: Voy a usar la computadora.

TERESA: ¿Vas a cantar en la clase de música?

PABLO: Sí, canto muy bien. ¿Adónde vas tú?

TERESA: Voy al gimnasio.

PABLO: ¿Vas a practicar los deportes?

TERESA: ¡No! Voy a estudiar en el gimnasio. ¡Practico los deportes en la biblioteca!

Preguntas

1. ¿Adónde va Pablo?
2. ¿Qué va a hacer Pablo en la clase de computadoras?
3. ¿Qué va a hacer en la clase de música?
4. ¿Adónde va Teresa?
5. ¿Qué va a hacer Teresa en el gimnasio? ¿De veras?

¡Conversa tú!

1. ¿Qué vas a hacer en las clases hoy?
2. ¿Vas a estudiar en la biblioteca o en el gimnasio?
3. ¿Dónde practicas los deportes?
4. ¿Dónde cantas?
5. ¿Dónde pintas?

¡A divertirnos!

Lolín y Joaquín en el gimnasio

Lee las aventuras de Lolín y Joaquín. Hay muchas palabras para los sonidos. ¿Cuáles son?

La cultura y tú

Los Juegos Panamericanos

The Pan American Games take place every four years. Athletes from North America, Central America, and South America participate in the events.

First study the pictures. Then guess the meaning of the words below them.

la natación

una carrera

el béisbol

Now look at the chart of winners. The names of many sports are similar in Spanish and English. Which ones can you guess?

Los Juegos Panamericanos
(Indianapolis, Indiana)

Deporte	Ganador	País
Boxeo (106 libras)	Luis Rolón	Puerto Rico
Gimnasia (hombres, caballo de aros)	Casimiro Suárez	Cuba
Gimnasia (mujeres, caballo de aros)	Laura Rodríguez	Cuba
Natación (hombres, 200 metros libres)	John Witchel	Estados Unidos
Natación (mujeres, 200 metros libres)	Sylvia Poll	Costa Rica
Béisbol	Equipo	Cuba
Fútbol	Equipo	Brasil
Volibol	Equipo	Estados Unidos

Panorama de vocabulario

¿Cuáles son las estaciones? _____

el invierno

la primavera

el verano

el otoño

¿Qué tiempo hace?

Hace buen
tiempo.

Hace mal
tiempo.

Hace sol.

Está nublado.

Hace calor.

Hace frío.

Hace viento.

Hace fresco.

Nieva.
Está nevando.

Llueve.
Está lloviendo.

¡Aprende el vocabulario!

A. Imagine that it's a crazy day. Every time you look out the window, the weather has changed!

Mira el dibujo y contesta la pregunta: **¿Qué tiempo hace ahora?** Sigue el modelo.

Modelo:

Respuesta: Hace sol.

1.

2.

3.

4.

5.

6.

B. A visitor from South America is looking at pictures of a house. Each picture was taken during a different season. Help the visitor by naming each season.

Mira el dibujo. Contesta la pregunta: **¿Cuál es la estación?**

1.  2.  3.  4.

C. Margarita is an exchange student from Venezuela. Help her understand what the weather is like during each season where you live.

Lee la pregunta y contesta con **sí** o **no**. Sigue el modelo.

Modelo: Hace frío en el verano, ¿verdad?
Respuesta: **No, no hace frío en el verano.**

1. Está nublado en el invierno, ¿verdad?
2. Hace buen tiempo en la primavera, ¿verdad?
3. Hace viento en el verano, ¿verdad?
4. Hace calor en el verano, ¿verdad?
5. Nieva en el invierno, ¿verdad?
6. Hace fresco en el otoño, ¿verdad?
7. Llueve en la primavera, ¿verdad?
8. Hace calor en el otoño, ¿verdad?

D. What is the weather like where you live? Does it always rain in the spring? Does it rain sometimes in the spring? Does it never rain in the spring?

Primero, lee las frases. Luego, escoge **siempre, a veces** o **nunca** para cada frase. Por último, forma una oración completa. Sigue el modelo.

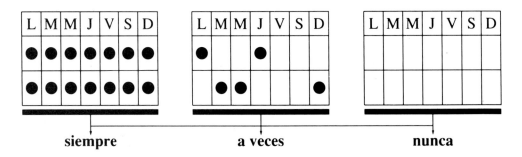

siempre   a veces   nunca

Modelo: en la primavera
a. hace viento
Respuesta: **A veces hace viento en la primavera.**

1. en la primavera

a. hace frío

b. hace calor

c. llueve

ch. hace sol

2. en el verano

a. hace buen tiempo

b. nieva

c. hace calor

ch. está nublado

3. en el otoño

a. hace mal tiempo

b. hace sol

c. hace calor

ch. hace fresco

4. en el invierno

a. nieva

b. hace buen tiempo

c. llueve

ch. hace viento

Los sonidos del idioma

Las vocales: a, e, i, o, u

Escucha y repite.

a: casa   ventana   mapa   anaranjada

e: este   cereza   menos   nene

i: sí   cine   oficina   libro

o: sol   flor   poco   tonto

u: luz   gusta   azul   uvas

1. La casa anaranjada tiene dos puertas y catorce ventanas.
2. Hay tres escritorios, trece pupitres y una mesa.
3. Cinco pizarras están en la biblioteca.
4. El profesor tiene ocho libros rojos en el escritorio.
5. El alumno escribe el número uno con un bolígrafo azul.

Es el verano en Guatemala. ¿Qué tiempo hace?

Talking about Likes and Dislikes

Study the sentences below the pictures.

Me gusta pintar.

¿**Te gusta** pintar?

A Juan le gusta pintar.

Me gusta el verano.

¿**Te gusta** el verano?

A Delia le gusta el verano.

What word is in every sentence? The verb **gusta** comes from the infinitive **gustar.** Do the endings change in the sentences? What words tell you whom the sentence is about?

Read the following questions and answers. What words do you use to ask a friend directly about likes and dislikes? What words do you use to express your own likes and dislikes?

Pregunta: Roberto, ¿**te gusta** cantar?
Respuesta: Sí, **me gusta** cantar.

Pregunta: Juana, ¿**te gusta** el gimnasio?
Respuesta: No, no **me gusta** el gimnasio.

Pregunta: Antonia, ¿**te gusta** ir al cine?
Respuesta: Sí, **me gusta mucho** ir al cine.

Now read the next set of questions and answers. What words do you use to talk about someone else's likes and dislikes?

Pregunta: ¿**A quién le gusta** el otoño?
Respuesta: **A Sara le gusta** el otoño.

Pregunta: ¿**A Pablo le gusta** la biblioteca?
Respuesta: Sí, **a Pablo le gusta** la biblioteca.

Pregunta: ¿**A Víctor le gusta** estudiar?
Respuesta: No, **a Víctor** no **le gusta** estudiar.

Why do you think the words **a Sara, a Pablo,** and **a Víctor** are used in the sentences?

¡Vamos a practicar!

A. Andrés is a new student in class. He wants to learn more about his classmates.

Primero, lee la pregunta. Luego, mira el dibujo. Contesta la pregunta con **sí** o **no.** Sigue el modelo.

Modelo: ¿A Gilberto le gusta estudiar?

Respuesta: **No, a Gilberto no le gusta estudiar.**

1. ¿A Clara le gusta pintar?

2. ¿A Mateo le gusta ir a la biblioteca?

3. ¿A Lupe le gusta practicar los deportes?

4. ¿A Paula le gusta cantar?

5. ¿A Simón le gusta usar la computadora?

B. You are having lunch with Andrés. He wants to know what you really like or don't like.

Lee la pregunta. Contesta la pregunta con **sí** o **no**. Sigue el modelo.

> **Modelo:** ¿Te gusta el invierno?
> **Respuesta: Sí, me gusta el invierno.**

1. ¿Te gusta estudiar?
2. ¿Te gusta la primavera?
3. ¿Te gusta la clase de arte?

4. ¿Te gusta el verano?
5. ¿Te gusta ir a la escuela?
6. ¿Te gusta ir al cine?

C. Take a survey of your classmates. Choose a question from the list and ask ten people to answer it. Record the answers. Afterwards, compare surveys with others.

Primero, escoge una pregunta. Luego, haz la pregunta a diez compañeros de clase. Por último, escribe las respuestas. Sigue el modelo.

Preguntas

1. ¿Cuál estación te gusta mucho?
2. ¿Qué te gusta hacer los sábados?
3. ¿Qué te gusta hacer en la casa?

4. ¿Te gusta ir al cine?
5. ¿Te gusta practicar los deportes?

> **Modelo:** TÚ: ¿Qué te gusta hacer los sábados?
> CARLOS: Me gusta ir al gimnasio.
> **Respuesta: 1. A Carlos le gusta ir al gimnasio.**

Using Adjectives

Sometimes you can use an adjective without the word it describes. Study the following questions and answers.

Pregunta: ¿Cuál bolígrafo te gusta?
Respuesta: Me gusta el bolígrafo rojo.
              También me gusta **el amarillo.**

Pregunta: ¿Cuál bandera te gusta?
Respuesta: Me gusta la bandera azul.
              También me gusta **la verde.**

Pregunta: ¿Cuál perro te gusta?
Respuesta: Me gusta **el blanco y negro.**

How do you know what the speaker likes? What clues do you have?

The word **context** means the words or sentences that surround a specific word or phrase. How does the context help you understand the following answer?

Pregunta: ¿Cuál te gusta, la silla grande o la silla pequeña?

Respuesta: Me gusta **la pequeña.**

To understand the meaning of **la pequeña**, you must look for its context. In this case, you must look at the question that comes before it. Which words give you the context for the answer?

Test your powers of observation.
Study the following questions and answers.

Pregunta: ¿Te gusta el perro largo?

Respuesta: No, no me gusta el perro largo.

Pregunta: ¿Dónde está el triángulo verde?

Respuesta: El triángulo verde está en la mesa.

Pregunta: ¿Cuántas luces azules hay?

Respuesta: Hay cincuenta y dos luces azules.

In each question and answer, where is the adjective, or descriptive word? Does the adjective come before or after the word it describes?

¡Vamos a practicar!

A. Decisions, decisions! You are in charge of decorating the bulletin board. It is up to you to choose each picture.

Lee y contesta cada pregunta. Sigue el modelo.

Modelo:  ¿Cuál te gusta, el gato gris o el gato marrón?

Respuesta: **Me gusta el gris. [Me gusta el marrón.]**

1. 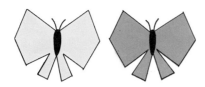 ¿Cuál te gusta, la mariposa amarilla o la mariposa azul?

2.  ¿Cuál te gusta, el tigre grande o el tigre pequeño?

3.  ¿Cuál te gusta, el pájaro azul o el pájaro rojo?

4. 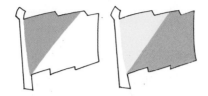 ¿Cuál te gusta, la bandera verde y blanca o la bandera amarilla y azul?

B. Imagine that you are looking at pictures with a friend. You want to know what your friend likes in each picture.

Lee la oración. Escribe una pregunta. Sigue los modelos.

Modelo: Hay una pluma verde y una pluma azul.
Respuesta: ¿Cuál te gusta, la verde o la azul?

Modelo: Hay un gimnasio grande y un gimnasio pequeño.
Respuesta: ¿Cuál te gusta, el grande o el pequeño?

1. Hay un cuaderno morado y un cuaderno amarillo.
2. Hay una mesa larga y una mesa corta.
3. Hay un loro verde y un loro rojo.
4. Hay un lápiz marrón y un lápiz negro.
5. Hay una computadora grande y una computadora pequeña.
6. Hay una puerta gris y una puerta anaranjada.
7. Hay una casa blanca y una casa rosada.
8. Hay una biblioteca grande y una biblioteca pequeña.
9. Hay una regla larga y una regla corta.
10. Hay un pez morado y un pez verde.

¡A conversar!

¿Qué tiempo hace ahora? _____

FERNANDO: ¿Te gusta el verano?

DANIEL: Sí. En el verano hace buen tiempo. Hace sol y hace calor.

FERNANDO: ¿Te gusta el invierno?

DANIEL: No. En el invierno hace mal tiempo. Siempre nieva y hace frío.

FERNANDO: En la primavera siempre está nublado y llueve. Daniel, ¿te gusta la primavera?

DANIEL: Sí, me gusta. Hace fresco en la primavera.

FERNANDO: En el otoño hace viento y . . . ¡Corre, Daniel! ¡Corre! ¡Está lloviendo!

DANIEL: ¡Qué tiempo tan loco!

Preguntas

1. ¿Le gusta el verano a Daniel?
2. ¿Le gusta el invierno a Daniel?
3. ¿Qué tiempo hace en el invierno?

4. ¿Qué tiempo hace en la primavera?

5. ¿Qué tiempo hace ahora?

¡Conversa tú!

1. ¿Te gusta el verano?

2. ¿Te gusta el invierno?

3. ¿Cuál estación te gusta más?

4. ¿Cuál estación no te gusta?

5. ¿Qué tiempo hace ahora?

¡A divertirnos!

Lolín y Joaquín dicen . . .

Mira el dibujo y lee el proverbio. ¿Qué tiempo hace?

A mal tiempo, buena cara.

La cultura y tú

¿Cómo es el clima?

The climate of a country does not necessarily change with the seasons. For example, in some parts of the Andes Mountains in South America, the peaks are always covered with snow—even in summer! On the island of Puerto Rico, the temperature can be very warm in the middle of winter. Study the pictures below and answer the questions about climate and the weather.

Las fotos son de países diferentes. ¿Cómo es el clima? ¿Qué tiempo hace? Contesta las preguntas.

Texas,
Estados Unidos.
¿Hace calor?
¿Llueve?

España. ¿Qué tiempo hace?

Puerto Rico. ¿Nieva en el invierno? ¿Qué tiempo hace?

Below are two charts of average temperatures. The top is for places north of the equator. The bottom is for places south of the equator. Notice that the temperatures are given in two ways—in degrees Fahrenheit and in degrees Celsius. (If you hear a weather report in South America, the temperature will be given in **grados Celsius,** not **grados Fahrenheit.**)

Las temperaturas al norte del ecuador

	Invierno	Verano
Bogotá, Colombia	57°F/14°C	58°F/14°C
Caracas, Venezuela	66°F/19°C	70°F/21°C
Dallas, Texas, Estados Unidos	45°F/7°C	86°F/30°C
Montreal, Quebec, Canadá	22°F/–6°C	79°F/26°C
Tegucigalpa, Honduras	50°F/10°C	90°F/32°C

Las temperaturas al sur del ecuador

	Verano	Invierno
Buenos Aires, Argentina	74°F/23°C	52°F/11°C
Lima, Perú	77°F/25°C	59°F/15°C
La Paz, Bolivia	53°F/12°C	48°F/9°C
Montevideo, Uruguay	72°F/22°C	55°F/13°C
Tierra del Fuego, Argentina	50°F/10°C	32°F/0°C

Panorama de vocabulario

¿Qué te gusta hacer? _____

nadar

patinar

bailar

caminar

¿Cuál es el mes?

enero

febrero

marzo

abril

mayo

junio

julio

agosto

septiembre

octubre

noviembre

diciembre

¡Aprende el vocabulario!

A. Look at each picture and choose the month that goes with it. Be careful! There are more months than there are pictures.

¿Cuál es el mes? Mira el dibujo. Escoge el mes que va con el dibujo. Sigue el modelo.

Modelo: **Respuesta:** **b. Es noviembre.**

a. Es julio.	c. Es abril.	d. Es septiembre.
b. Es noviembre.	ch. Es diciembre.	e. Es agosto.

1.    2.    3.    4.

B. Imagine that you and a new friend from Spain are talking about what you like to do.

¿Te gusta o no te gusta? Primero, lee cada pregunta. Luego, contesta la pregunta con **sí** o **no**. Sigue el modelo.

Modelo: ¿Te gusta  ?

Respuesta: **Sí, me gusta pintar. [No, no me gusta pintar.]**

1. ¿Te gusta  ?

3. ¿Te gusta  ?

2. ¿Te gusta  ?

4. ¿Te gusta  ?

C. Talk about your likes and dislikes. Look at the activities below and complete each sentence.

Completa cada oración con una actividad. Sigue el modelo.

caminar	nadar
estudiar	patinar
bailar	pintar
cantar	practicar los deportes

Modelo: En enero me gusta ——.

Respuesta: **En enero me gusta patinar.**

1. En abril me gusta ——.

2. En diciembre me gusta ——.

3. En agosto me gusta ——.

4. En junio me gusta ——.

5. En octubre me gusta ——.

6. No me gusta —— en mayo.

7. No me gusta —— en febrero.

8. No me gusta —— en marzo.

9. No me gusta —— en noviembre.

10. No me gusta —— en julio.

Los sonidos del idioma

Las vocales: La **a** y la **e**

Escucha y repite. Compara la **a** y la **e**.

aves	Eva	dame	deme
hasta	esta	vamos	vemos
mapa	mesa	tango	tengo

1. Vamos a la clase de matemáticas.
2. Deme el calendario de este mes.
3. Tengo tres mesas hasta el sábado.
4. Trece mapas están en la pared de la clase.

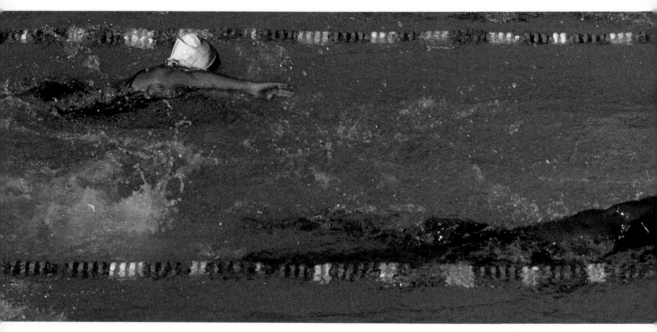

¿Te gusta nadar? ¿Nadas mucho en agosto? La muchacha nada en una piscina grande.

Using Pronouns in Place of Names or Nouns

Study the sentences below the pictures. Which words help make it clear who is doing the action?

¿Quién pinta?

Yo pinto.

Tú pintas.

Él pinta.

Ella pinta.

Usted pinta.

The words **yo, tú, él, ella,** and **usted** are called subject pronouns. In Spanish, subject pronouns are used to make it clear who is doing the action in a sentence.

Study the following questions and answers:

Pregunta: ¿Nadas mucho en agosto?
Respuesta: Sí, nado mucho en agosto.

Pregunta: ¿Quién nada mucho, tú o Esteban?
Respuesta: Yo nado mucho.

Pregunta: ¿Patina mucho Fernando?
Respuesta: Sí, patina mucho.

Pregunta: ¿Quién patina mucho, Fernando o Isabel?
Respuesta: Él patina mucho.

How does the context help you decide when to use pronouns?

As you study Spanish, you will often see subject pronouns and verbs used in charts. Study the following chart.

	pintar	nadar	bailar
yo	pinto	nado	bailo
tú	pintas	nadas	bailas
él ella usted	pinta	nada	baila

What do the words after **yo** have in common? What do the words after **tú** have in common? What do the words after **él, ella,** and **usted** have in common?

¡Vamos a practicar!

A. Mr. Olvida is organizing a school festival. Unfortunately, he doesn't remember each person's talent. Help him out.

Primero, lee la pregunta. Luego, mira el dibujo y contesta la pregunta. Sigue el modelo.

Modelo:  ¿Quién baila muy bien, Diego o Carlota?

Respuesta: **Él baila muy bien.**

1. ¿Quién patina muy bien, Jorge o Elena?

4.  ¿Quién pinta muy bien, Luis o Rita?

2. ¿Quién camina mucho, Manuel o Amalia?

5.  ¿Quién estudia mucho, Gregorio o Susana?

3.  ¿Quién nada muy bien, Víctor o Diana?

6.  ¿Quién baila muy bien, Agustín o Laura?

B. Now Mr. Olvida wants to know what you can do.

Lee y contesta la pregunta. Sigue los modelos.

Modelo: ¿Cantas muy bien?

Respuesta: **¿Yo? Sí, yo canto muy bien.**

[¿Yo? No, yo no canto muy bien.]

Modelo: ¿Estudias mucho?

Respuesta: **¿Yo? Sí, yo estudio mucho.**

[¿Yo? No, yo no estudio mucho.]

1. ¿Usas la computadora?
2. ¿Nadas mucho?
3. ¿Cantas muy bien?

4. ¿Bailas muy bien?
5. ¿Caminas mucho?
6. ¿Patinas muy bien?

C. Mr. Olvida has put you in charge of asking adults to take part in the festival. First you must ask them what they can do.

Primero, lee las palabras. Luego, escribe una pregunta. Sigue el modelo.

Modelo: señora Sánchez / cantar

Respuesta: **Señora Sánchez, ¿canta usted?**

1. señorita Gutiérrez / nadar
2. señor Ibarra / patinar
3. señora Juárez / pintar

4. señor Luna / cantar
5. señora Morelos / bailar
6. señorita Ruiz / patinar

D. You and your friend are complete opposites. Nevertheless, Mrs. Azuela always confuses you with your friend. Answer her questions and use the appropriate pronoun—**él** or **ella**—for your friend.

Primero, lee la pregunta. Luego, escribe dos respuestas. Sigue los modelos.

> **Modelo:** ¿Quién usa la computadora?
>
> **Respuesta:** **Yo uso la computadora. Él no usa la computadora.**

> **Modelo:** ¿Quién va mucho al cine?
>
> **Respuesta:** **Yo no voy mucho al cine. Ella va mucho al cine.**

1. ¿Quién baila muy bien?
2. ¿Quién patina en enero?
3. ¿Quién estudia mucho?
4. ¿Quién camina mucho?

5. ¿Quién nada mucho en julio?
6. ¿Quién va a la biblioteca?
7. ¿Quién canta en la clase de música?
8. ¿Quién pinta en la clase de arte?

E. Imagine that you can interview your favorite singer or your favorite athlete. What questions would you ask, using **usted**?

Escribe el nombre de la persona. Luego, escribe cinco preguntas. Lee el modelo.

> **Modelo:** Julio Iglesias
>
> 1. ¿Baila mucho usted?
> 2. ¿Patina usted en enero?
> 3. ¿Estudia la música usted?
> 4. ¿Camina mucho usted?
> 5. ¿Usa usted la computadora?

Using Contractions

You have already used contractions without knowing it! Which of the following sentences have contractions in them?

1. Yo siempre voy **a la** biblioteca los domingos.
2. ¿Juan? Él va **al** cine todos los sábados.
3. ¿Mariela? Ella va **al** gimnasio los jueves.
4. ¿Vas **a la** casa de Eduardo?

If you chose sentences **2** and **3,** you were right. Study the following "equations":

$$a + la = \textbf{a la}$$
$$a + el = \textbf{al}$$

Practice reading the following questions and answers:

Pregunta: Miguel, ¿adónde vas?
Respuesta: Voy **a la** casa de Irene.

Pregunta: María va **al** gimnasio los lunes, ¿verdad?
Respuesta: No, ella va **al** gimnasio los martes.

Pregunta: Señor Fernández, ¿usted va a caminar **al** cine?
Respuesta: Sí, voy a caminar **al** cine.

Pregunta: Humberto, ¿vas **a la** casa?
Respuesta: No, no voy **a la** casa. Voy **al** salón de clase.

Test your powers of observation. Read the following sentences.

Voy **al** gimnasio.

A Ramón le gusta practicar los deportes. **A él** le gusta estudiar también.

What kind of word is **el**? What kind of word is **él**? Which word can you use in a contraction?

¡Vamos a practicar!

A. Everyone is going somewhere but you. What do people say when you ask where they are going?

Primero, lee la pregunta. Luego, escribe la respuesta. Usa la frase entre paréntesis. Sigue el modelo.

Modelo: ¿Adónde vas, Jorge?

(el salón de clase)

Respuesta: **Voy al salón de clase.**

1. ¿Adónde vas, Cecilia?

   (la clase de música)

2. ¿Adónde vas, Enrique?

   (el gimnasio)

3. ¿Adónde vas, Lilia?

   (el cine)

4. ¿Adónde va, señor Vargas?

   (el salón de clase)

5. ¿Adónde vas, Raúl?

   (la biblioteca)

6. ¿Adónde vas, Carlos?

   (la clase de computadoras)

7. ¿Adónde vas, Olivia?

   (el salón de clase)

8. ¿Adónde va, señora Borges?

   (la clase de arte)

¡A conversar!

Saludos del Uruguay

ERNESTO: ¡Hola, Clarita! Muchos saludos del Uruguay. ¡Qué calor hace!

CLARITA: ¿Calor? No, Ernesto. Hace frío. Es enero y hace frío.

ERNESTO: ¡Ja, ja, ja! ¡Estoy en Montevideo! ¡Aquí es el verano!

CLARITA: ¿El verano? Pues, ¿cuáles son los meses del invierno?

ERNESTO: Son junio, julio y agosto.

CLARITA: Y . . . ¿practicas los deportes?

ERNESTO: Sí. Nado todos los días en el océano.

CLARITA: ¡Mamá! ¡Mamá! ¡Voy al Uruguay!

Preguntas

1. ¿Dónde está Ernesto?
2. ¿Qué tiempo hace en Montevideo?
3. ¿Cuáles son los meses del invierno en el Uruguay?
4. ¿Qué hace Ernesto todos los días?
5. ¿Adónde va Clarita?

¡Conversa tú!

1. Aquí, ¿cuáles son los meses del invierno?
2. ¿Qué te gusta hacer en el invierno?
3. ¿Qué tiempo hace hoy?
4. ¿Cuál es la fecha de hoy?
5. ¿Qué te gusta hacer en el verano?

¡A divertirnos!

Un año con Lolín y Joaquín

La cultura y tú

¡A celebrar!

Holidays are special days everywhere in the world. People celebrate holidays with dances, parades, and music. Often they dress up in colorful regional costumes for the celebrations. Look at the pictures and read the captions to guess how people celebrate in different countries.

Un día de fiesta es un día especial. Las fotos son de unas fiestas en España, Perú y Guatemala.

Perú. Esta señorita baila para celebrar un día de fiesta.

Guatemala. Hay un desfile para celebrar este día de fiesta.

Islas Canarias, España. La gente celebra este día de fiesta con música y canciones.

Almost every country in North and South America celebrates a day when it gained its independence from another country. Read the list below to find out when some countries celebrate their **Día de la Independencia.**

¿Cuál es la fecha del Día de la Independencia?

País	Día de la Independencia
Bolivia	6 de agosto
Cuba	10 de octubre
Chile	18 de septiembre
El Salvador	15 de septiembre
Estados Unidos	4 de julio
Guatemala	15 de septiembre
México	16 de septiembre
Paraguay	14 de mayo
Perú	28 de julio
República Dominicana	27 de febrero

Segundo repaso

A. Una conversación entre amigos _____

MATEO: ¡Muy buenos días, Andrea!

ANDREA: ¡Hola, Mateo! ¿Qué vas a hacer hoy?

MATEO: Voy a patinar. Siempre patino los sábados.

ANDREA: A mí no me gusta patinar. Me gusta bailar. Siempre bailo los sábados.

MATEO: ¿No practicas los deportes?

ANDREA: Pues, sí. A veces practico los deportes. ¿Nunca bailas tú?

MATEO: ¡Nunca! No me gusta bailar. No bailo muy bien.

ANDREA: ¡No bailas! ¿Te gusta ir al cine?

MATEO: ¡Sí! Me gusta mucho. ¿A ti te gusta ir al cine?

ANDREA: Sí, voy al cine esta noche.

MATEO: Yo también. Hasta más tarde.

ANDREA: ¡Hasta luego!

Preguntas

1. ¿Quién va a patinar, él o ella?
2. ¿Quién baila los sábados?
3. ¿A quién no le gusta bailar?
4. ¿Quién practica los deportes a veces?
5. ¿A Mateo le gusta ir al cine?
6. ¿Cuándo va Andrea al cine?

B. Ahora ... ¡tú!

Choose a partner. Select at least five questions from the list to ask your partner. Work together to make up a conversation like the one between Andrea and Mateo. Try to use **siempre, a veces,** and **nunca** in your conversation.

Con un compañero, escoge cinco preguntas. Conversa con tu compañero. Usa **siempre, a veces** y **nunca**.

1. ¿Qué vas a hacer hoy (mañana)?
2. ¿Adónde vas hoy (mañana)?
3. ¿Te gusta patinar (cantar, bailar, nadar)?
4. ¿No practicas los deportes (usas la computadora)?
5. ¿Te gusta ir al cine (a la escuela)?
6. ¿Estudias (pintas, caminas) mucho?
7. ¿Qué haces tú en la biblioteca (en el gimnasio)?
8. ¿Qué haces tú en la clase de arte (de música, de computadoras)?

C. En tus palabras

Alfonsina wants to become friends with you.

Primero, lee las preguntas. Luego, contesta las preguntas en tus palabras.

1. ¿Vas a la clase de arte hoy?
2. ¿Te gusta la clase de arte?
3. ¿Bailas en la escuela?
4. ¿Hay una biblioteca?
5. ¿Estudias en la biblioteca?
6. ¿Practicas los deportes?
7. ¿Dónde practicas los deportes?
8. ¿Hay una clase de música?
9. ¿Cuándo es la clase de música?
10. ¿Cómo se llama el profesor de música?

CH. Los alumnos del mundo hispánico _____

Imagine that you are in charge of decorating the bulletin board with the photographs below. Your task is to write a caption for each picture. (Answer the questions at the bottom of the page if you need help in thinking of a caption.)

Primero, mira la foto. Luego, escribe una oración sobre la foto.

1.

3.

2.

4.

¿Qué hace el muchacho?   ¿Pinta muy bien?

¿Qué hace la muchacha?   ¿Estudia mucho?

¿Qué tiempo hace?   ¿Usa la computadora?

¿Hace frío? ¿Hace calor?   ¿Adónde va?

D. En el correo

You have just received a letter from a student in Chile. He would like to know about you and about where you live.

Primero, lee la carta. Luego, contesta las preguntas.

---

15 de enero

¡Hola!

Me llamo Fernando. ¿Cómo te llamas tú? En Chile es el verano. Los meses del verano son diciembre, enero y febrero. Hace sol y hace calor. Me gusta mucho el verano. ¿Cuál estación te gusta a ti?

¿Qué haces en el verano? En el verano me gusta mucho nadar. A mi amiga Mariela le gusta caminar. Yo nunca camino. ¿Qué te gusta hacer, nadar o caminar?

En marzo voy a ir a la escuela. ¿Adónde vas tú en marzo? Estudio mucho en la escuela. También practico los deportes. ¿Qué haces tú en la escuela?

Ahora hace mucho calor. Voy a nadar.

¡Hasta luego!

Fernando

Panorama de vocabulario

¿Qué tienes? _____

Tengo sueño.

Tengo prisa.

Tengo hambre.

Tengo sed.

Tengo calor.

Tengo frío.

Tengo razón.

Tengo suerte.

Tengo dolor.

Tengo la gripe.

Tengo miedo.

Tengo ochenta años.

¡Aprende el vocabulario!

A. You want to go to the movies with some friends. Unfortunately, each person has a reason for not going.

Mira el dibujo. Contesta la pregunta: **¿Vas al cine?**
Sigue el modelo.

Modelo:

Respuesta: **No, no voy al cine. Tengo frío.**

1.    **2.**    **3.**    **4.**

B. Take a survey of your classmates to find out their ages.

Pregunta a cinco compañeros de clase: **¿Cuántos años tienes?** Escribe la respuesta. Sigue el modelo.

Modelo: TÚ: María, ¿cuántos años tienes?

            MARÍA: Tengo trece años.

Respuesta: 1. María: trece años

C. How do you feel at different times of the year? How do you feel in different places?

Primero, lee las frases. Luego, escoge **siempre, a veces** o **nunca** para cada frase. Por último, forma una oración completa. Sigue el modelo.

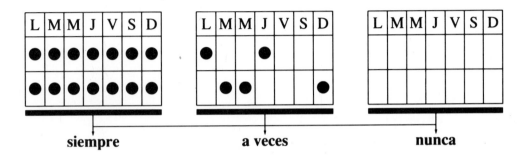

siempre   a veces   nunca

Modelo: en la clase de computadoras

a. tengo razón

Respuesta: Siempre tengo razón en la clase de computadoras.

1. en el invierno
   a. tengo calor
   b. tengo la gripe
   c. tengo frío

2. en la primavera
   a. tengo hambre
   b. tengo calor
   c. tengo la gripe

3. en agosto
   a. tengo frío
   b. tengo sed
   c. tengo prisa

4. en el cine
   a. tengo sueño
   b. tengo miedo
   c. tengo hambre

5. en la escuela
   a. tengo suerte
   b. tengo prisa
   c. tengo razón

6. en el gimnasio
   a. tengo dolor
   b. tengo calor
   c. tengo sed

Los sonidos del idioma

Las vocales: La **e** y la **i**

Escucha y repite. Compara la **e** y la **i**.

peso	piso		te	ti
deme	dime		se	si
vemos	vimos		peña	piña

1. Sí, tengo frío.
2. Vemos el peso en el piso.
3. A mí me gusta la leche hervida.
4. Emilio tiene cinco tíos que viven en México.

Los muchachos son amigos. ¿Cuántos amigos tienes tú?

Using Tú **and** Usted

You have learned that the words **tú** and **usted** are subject pronouns. Look at the people in the pictures and read the sentences. When is the word **tú** used?

Tú bailas muy bien.

Tú nadas muy bien.

Tú cantas muy bien.

Now look at the following pictures and sentences. When is the word **usted** used?

Señor, ¿cómo se llama usted?

¿Camina usted mucho, señora?

Test your powers of observation. In the following situations, who uses **tú?** Who uses **usted?** To whom is each person talking?

¿Tú pintas mucho?

¿Patinas tú mucho?

¡Usted canta muy bien!

Tú caminas a la escuela, ¿verdad?

How does the verb end when **tú** is used? How does the verb end when **usted** is used?

¡Vamos a practicar!

A. The people around you are full of surprises. They have talents you never imagined.

Mira el dibujo y forma una oración con **tú** o **usted.** Sigue el modelo.

Modelo:

¡Señor Martínez!

Respuesta: ¡Señor Martínez! ¡Usted patina muy bien!

1.

¡Margarita!

3.

¡Pablo!

5.

¡Señor López!

2.

¡Señora Parra!

4.

¡Señorita Vargas!

6.

¡David!

B. Imagine that some students and teachers from South America are visiting your school. You have many questions to ask them.

Primero, lee el nombre. Luego, escoge la pregunta apropiada. Sigue el modelo.

Modelo: Señor Escobar

a. ¿Cómo te llamas tú?

b. ¿Cómo se llama usted?

Respuesta: **b. ¿Cómo se llama usted?**

1. Alejandro Peña

   a. ¿Cómo está usted?

   b. ¿Cómo estás tú?

2. Señorita Cortez

   a. ¿Usa la computadora?

   b. ¿Usas la computadora?

3. María Elena Solís

   a. ¿Vas tú a la clase de música?

   b. ¿Va usted a la clase de música?

4. Luis Baroja

   a. ¿Practica los deportes?

   b. ¿Practicas los deportes?

5. Señora Vásquez

   a. ¿Qué haces tú en agosto?

   b. ¿Qué hace usted en agosto?

6. Javier Castillo

   a. ¿Va al cine los sábados?

   b. ¿Vas al cine los sábados?

C. Choose a partner. Imagine that you are a visiting teacher from Central America. Your partner is a student at your school. Ask one another at least four questions. Then switch roles and ask different questions.

Primero, escribe unas preguntas. Luego, conversa con tu compañero de clase. Lee el modelo.

Modelo:

ALUMNA: ¿Cómo se llama usted?

TÚ: Me llamo señor Goya. ¿Cómo te llamas tú?

ALUMNA: Me llamo Gloria Castro. ¿Le gusta la escuela?

TÚ: Sí, me gusta mucho. ¿Te gusta mucho estudiar?

ALUMNA: No, no me gusta estudiar. ¿Qué hace usted en el verano?

TÚ: Nado y camino en el verano. ¿Qué haces tú?

ALUMNA: Me gusta nadar. ¿Va usted al cine?

TÚ: Sí, voy al cine todos los sábados. ¿Vas tú al cine?

ALUMNA: Sí, me gusta mucho ir al cine.

¿Qué usas, tú o usted?

¿Qué usas, tú o usted?

Using Tener Expressions

The verb **tener** is very useful. Study the pictures and the sentences below. What does the form of **tener** mean in each one?

Tengo dos libros.

¿**Tienes** tú un globo?

Sara **tiene** un lápiz.

The verb **tener** is also used in many expressions. How does it change to refer to different people?

Tengo calor.

¿**Tienes** calor?

¿**Tiene** usted calor?

Él **tiene** calor.

Ella **tiene** calor.

Practice reading the following questions and answers:

Pregunta: ¿Quién tiene mucha hambre?
Respuesta: ¡Yo! Tengo mucha hambre.

Pregunta: Señor Castillo, ¿cuántos años tiene usted?
Respuesta: Tengo cuarenta años.

Pregunta: ¿Quién tiene prisa, tú o Paula?
Respuesta: Ella tiene mucha prisa. Yo no tengo prisa.

¡Vamos a practicar!

A.   The pet fair was a great success. Now, Mrs. Amado wants everyone
to take the pets home.

Primero, lee la pregunta. Luego, lee el nombre entre
paréntesis. Por último, contesta la pregunta. Sigue el
modelo.

Modelo: ¿Quién tiene dos loros verdes?

(Ricardo)

Respuesta: Ricardo tiene dos loros verdes.

1. ¿Quién tiene una mariposa?   4. ¿Quién tiene el gato negro?
(Claudia)   (Nicolás)

2. ¿Quién tiene el perro gris?   5. ¿Quién tiene el loro azul?
(Tú)   (Yo)

3. ¿Quién tiene tres canarios?   6. ¿Quién tiene cuatro peces?
(Leonardo)   (Ernestina)

B. What is the matter with everyone? You are concerned about the people in school.

Completa las oraciones con **tengo, tienes** o **tiene.** Sigue el modelo.

Modelo: TÚ: Adela, ¿qué ——?

                 ADELA: —— mucho frío.

Respuesta: TÚ: **Adela, ¿qué tienes?**

                 ADELA: **Tengo mucho frío.**

1.   TÚ: César, ¿qué —— ?

     CÉSAR: —— mucha hambre.

2.   TÚ: Señora Otero, ¿qué —— usted?

   SRA. OTERO: —— mucho calor.

3.   TÚ: Mario, ¿qué —— Pablo?

     MARIO: Pablo —— mucha prisa.

4.   TÚ: Inés, ¿qué —— Rosa?

     INÉS: Rosa —— mucho miedo.

5.   TÚ: Eva, ¿qué —— el señor Ibarra?

     EVA: El señor Ibarra —— la gripe.

6.   TÚ: Julio, ¿qué —— tú?

     JULIO: —— mucha sed.

C. Imagine that you are a contestant on a game show. For every answer, you must give the question.

Primero, lee la oración. Luego, escribe la pregunta. Sigue los modelos.

Modelo: La señora Prado tiene sesenta y tres años.
Respuesta: **¿Cuántos años tiene la señora Prado?**

Modelo: No, no tengo mucho calor.
Respuesta: **¿Tienes mucho calor? [¿Tiene mucho calor?]**

1. Sí, Humberto tiene frío.

2. No, Amalia no tiene hambre.

3. Sí, tengo mucha sed.

4. Tengo cincuenta años.

5. No, Sandra no tiene sueño.

6. Sí, tienes mucha prisa.

7. Tengo nueve años.

8. Sí, Mercedes tiene razón.

9. No, Rogelio no tiene la gripe.

10. No, el señor Ortiz no tiene suerte.

D. How is your classmate today? Choose a partner and ask three questions. Then answer your partner's questions.

Primero, escribe tres preguntas. Luego pregúntalas a un compañero de clase. Lee los ejemplos.

TÚ: ¿Tienes frío hoy?   ALUMNO: No, no tengo frío hoy.

TÚ: ¿Tienes mucha suerte hoy?   ALUMNO: Sí, tengo suerte.

TÚ: ¿Tienes dolor hoy?   ALUMNO: No, hoy no tengo dolor.

¡A conversar!

A Dora le gusta Arturo

DORA: ¡Hola! ¿Cómo estás, Arturo? ¡Qué gusto en verte!

ARTURO: Estoy muy bien, gracias. ¿Qué tal, Adela?

ADELA: Estoy así, así. Tengo mucha sed.

DORA: Y yo tengo un poco de hambre.

ADELA: Arturo, siéntate, por favor.

ARTURO: No, gracias. Tengo mucha prisa. Adiós, muchachas.

ADELA: Hasta pronto, Arturo.

DORA: ¡Qué lástima! Hoy no tengo suerte.

Preguntas

1. ¿Cómo se llama el amigo de Adela y Dora?
2. ¿Cómo está Adela?
3. ¿Quién tiene hambre?
4. ¿Quién tiene sed?
5. ¿Quién tiene prisa?

¡Conversa tú! _____

1. ¿Cómo estás tú hoy?
2. ¿Tienes hambre? ¿Tienes sed?
3. ¿Tienes mucha prisa en la escuela?
4. ¿Tienes un poco de sueño en la escuela?
5. Hoy, ¿tienes buena suerte o tienes mala suerte?

Los alumnos son de Caracas, Venezuela. ¿Tiene hambre o tiene sed el muchacho? ¿Qué tiene la muchacha?

Los alumnos son de Guadalajara, México. ¿Tiene hambre la muchacha? ¿Tiene prisa el muchacho?

¡A divertirnos!

Lolín tiene un amigo

Lee la tarjeta. Es una tarjeta para un buen amigo.

La cultura y tú

¡Feliz cumpleaños!

Hispanic families love a chance to get together. Birthdays are the perfect opportunity for a small family party at home. When a young girl turns fifteen, though, some families have an enormous celebration for the **quinceañera.**

Mira las fotos. ¿Quién tiene un año? ¿Quién tiene quince años?

Colombia. Ésta es una fiesta pequeña. ¿Cuántos años tiene la niña?

Venezuela. Esta fiesta es muy grande. ¿Cuántos años tiene la señorita?

Panorama de vocabulario

¿Cuánto tiempo hay? _____

un minuto

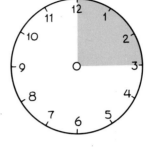

un cuarto de hora

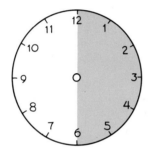

una media hora

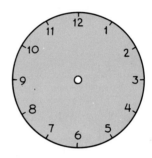

una hora

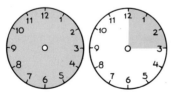

una hora y cuarto

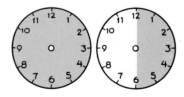

una hora y media

Hay quince minutos en un cuarto de hora.

Hay treinta minutos en una media hora.

Hay sesenta minutos en una hora.

Hay veinte y cuatro horas en un día.

el mediodía

la medianoche

la salida del sol

la puesta del sol

¡Aprende el vocabulario!

A. Susana has written down what she is going to do each day after school. She has also drawn clocks to show how much time she will spend on each activity.

Lee las oraciones y mira los relojes. Contesta las preguntas. Sigue el modelo.

Actividad	Tiempo
Voy a practicar los deportes.	
Voy a cantar.	
Voy a usar la computadora.	
Voy a estudiar.	
Voy a nadar.	
Voy a caminar.	
Voy a patinar.	

Modelo: ¿Cuánto tiempo va a estudiar?

Respuesta: **Va a estudiar una hora y media.**

1.   ¿Cuánto tiempo va a practicar los deportes?

2.   ¿Cuánto tiempo va a caminar?

3.   ¿Cuánto tiempo va a usar la computadora?

4.   ¿Cuánto tiempo va a cantar?

5.   ¿Cuánto tiempo va a nadar?

6.   ¿Cuánto tiempo va a patinar?

B.   What time of day matches the statements most closely? Be careful! A time of day may be used more than once.

Primero, lee las oraciones. Luego, escoge la respuesta. Sigue el modelo.

Modelo: Tengo frío. No hace sol. Está oscuro.

Respuesta: **b.   la medianoche**

1.   ¡Tengo prisa! Camino a la escuela.

2.   Estoy en la escuela. Tengo mucha hambre.

3.   ¡Buenas noches! Tengo mucho sueño. No hace sol.

4.   Estoy en casa. Voy a estudiar. No hace mucho sol.

5.   ¡Buenos días! El pájaro canta. Hace sol.

a.   la salida del sol

b.   la medianoche

c.   la puesta del sol

ch.   el mediodía

C. Little Pepito doesn't know how to tell time. His favorite program starts at 8:30. He asks you how much time there is before 8:30.

Mira cada reloj. Contesta la pregunta. Sigue el modelo.

Modelo:

¿Cuánto tiempo hay?

Respuesta: **Hay una hora.**

1.

¿Cuánto tiempo hay?

4.

¿Cuánto tiempo hay?

2.

¿Cuánto tiempo hay?

5.

¿Cuánto tiempo hay?

3.

¿Cuánto tiempo hay?

6.

¿Cuánto tiempo hay?

Los sonidos del idioma

Las vocales: La o y la u

Escucha y repite. Compara la **o** y la **u**.

rosa	rusa	mola	mula
oso	uso	Osorio	Urrutia
pozo	puso	loco	luna

1. Oscar Osorio y Úrsula Urrutia son alumnos.
2. Uso mucha pintura azul.
3. A las ocho, Lupe come uvas.
4. Los lobos rusos corren mucho.

La salida del sol es muy tranquila. ¿Hace mucho viento? ¿Es la mañana o es la noche?

Telling Time, I

Study the pictures and the sentences. How do you answer the question:
¿Qué hora es?

¡Es la una!

¡Son las dos!

¡Es la una y veinte!

¡Son las siete y cuarto!

¡Son las seis y media!

¡Son las once y veinte y cinco!

When you are telling time, when do you use **es?** When do you use **son?**

Practice reading the following questions and answers. What expressions can you understand from the context?

Pregunta: Bernardo, ¿qué hora es?
Respuesta: ¡Es la una **en punto**!

Pregunta: Cecilia, ¿qué hora es?
Respuesta: Son las tres y cuarto **de la tarde.** Voy a casa.

Pregunta: Señora Rodríguez, ¿qué hora es?
Respuesta: Son las nueve **de la noche.** Tengo sueño.

Pregunta: Señor Molina, ¿qué hora es?
Respuesta: ¡Ay! Son las ocho **de la mañana.** ¡Tengo prisa!

¿A qué hora es la puesta del sol—a las nueve de la noche o a las nueve de la mañana?

¡Vamos a practicar!

A. Today is going very slowly. Your friend asks you for the time at least a million times!

Primero, mira el dibujo. Luego, contesta la pregunta: **¿Qué hora es?** Sigue el modelo.

Modelo:

Respuesta: **Son las ocho y media.**

1.

2.

3.

4.

5.

6.

7.

8.

9.

B. No one seems to have the correct time today. Fortunately, your watch is accurate.

Primero, mira la hora. Luego, contesta la pregunta. Sigue el modelo.

Modelo: `10:16` ¿Son las diez y cuarto?

Respuesta: **No. Son las diez y diez y seis.**

1. `1:23` ¿Es la una y media?

5. `11:02` ¿Son las once y siete?

2. `9:07` ¿Son las nueve en punto?

6. `6:14` ¿Son las seis y veinte y cuatro?

3. `12:15` ¿Son las doce y veinte?

7. `2:30` ¿Son las dos y diez?

4. `8:06` ¿Son las ocho y cuarto?

8. `1:00` ¿Es la una y cinco?

Telling Time, II

Study the pictures and the sentences. How do you answer the question
¿Qué hora es? What new word do you see in these sentences?

¡Es la una **menos** quince!

¡Son las cuatro **menos** diez!

¡Son las siete **menos** veinte y tres!

¡Son las doce **menos** veinte!

How does subtraction help you tell what time it is?

There are different ways to ask about time. Study the following
questions and answers:

Pregunta: **¿A qué hora** caminas a la escuela?

Respuesta: **A las** ocho menos veinte de la mañana.

Pregunta:	¿**A qué hora** va a bailar Diana?
Respuesta:	Diana va a bailar **a** las cinco menos quince.
Pregunta:	¿**Cuándo** nadas?
Respuesta:	Nado los lunes, **a** las tres de la tarde.
Pregunta:	¿**Cuándo** va usted a cantar?
Respuesta:	Voy a cantar **a** las nueve menos diez de la noche.

What are two ways of asking about when something happens? What word do you use with the time when you answer those questions?

¡Vamos a practicar!

A. Your friends are in a talent show. The performance times are precise. You can see in the program exactly when each friend will dance.

Primero, lee las frases. Luego, contesta la pregunta: **¿A qué hora va a bailar?** Sigue el modelo.

Modelo: Antonio / 3:40
Respuesta: **Antonio va a bailar a las cuatro menos veinte.**

1. Rebeca / 2:55
2. Yolanda / 4:45
3. Armando / 11:50
4. Josefina / 1:35

5. Rodrigo / 12:40
6. Beatriz / 3:45
7. Federico / 1:58
8. Violeta / 11:46

B. What time is it? You are very restless today and you look at the clock many times.

Mira el dibujo. Contesta la pregunta: **¿Qué hora es?** Sigue el modelo.

Modelo:

Respuesta: Es la una menos quince.

1.

4.

7.

2.

5.

8.

3.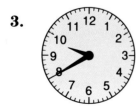

6.

9.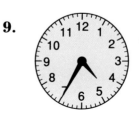

C. Your friends have many activities. You want to know about their schedules.

Primero, lee la pregunta. Luego, lee la frase. Por último, contesta la pregunta. Sigue el modelo.

Modelo: ¿Cuándo vas a la biblioteca?

(2:15 de la tarde)

Respuesta: A las dos y cuarto de la tarde.

1. ¿Cuándo vas al cine?

(8:30 de la noche)

2. ¿Cuándo vas al gimnasio?

(4:45 de la tarde)

3. ¿Cuándo vas a bailar?

(11:35 de la mañana)

4. ¿Cuándo vas a nadar?

(3:55 de la tarde)

5. ¿Cuándo vas a estudiar?

(2:30 de la tarde)

6. ¿Cuándo vas a patinar?

(10:40 de la mañana)

D. Imagine that you have a very busy schedule. First thing in the morning, you write down your activities for the day.

Escribe cinco oraciones. Lee el modelo.

Modelo: 1. A las ocho de la mañana, voy al gimnasio.
2. A las once menos quince, voy a la casa de Nora.
3. A las dos menos diez de la tarde, voy a estudiar.
4. A las cuatro y cuarto de la tarde, voy al cine.
5. A las ocho menos veinte de la noche, voy a usar la computadora.

E. Verónica and Víctor are twins. Their mother has taped their schedules for Saturday on the refrigerator.

Primero, lee los horarios de Verónica y Víctor. Luego, contesta las preguntas. Sigue el modelo.

Verónica		Víctor	
8:30 a.m.	la clase de música	9:00 a.m.	el gimnasio
10:45 a.m.	la biblioteca	11:35 a.m.	la clase de computadoras
1:50 p.m.	el cine	1:15 p.m.	la clase de arte
8:45 p.m.	la casa de la Sra. Millán	7:05 p.m.	el cine

Modelo: ¿A qué hora va él al cine?

Respuesta: **Él va al cine a las siete y cinco de la noche.**

1. ¿A qué hora va ella a la clase de música?
2. ¿A qué hora va él a la clase de computadoras?
3. ¿Cuándo va ella a la biblioteca?
4. ¿Cuándo va él a la clase de arte?
5. ¿Cuándo va ella a la casa de la señora Millán?
6. ¿Cuándo va ella al cine?
7. ¿A qué hora va él al gimnasio?

Asking Questions

There are many ways to ask questions. Study the words in heavy black type in the following questions.

¿**Cómo** te llamas?

¿**Qué** es esto?

¿**Quién** es el muchacho?

¿**Adónde** vas?

¿**Cuál** es tu número de teléfono?

¿**De qué** color es la mesa?

¿**A qué** hora vas a nadar?

¿**Cuándo** vas a estudiar?

¿**Cuántos** bolígrafos tienes tú?

The words in heavy black type are called interrogative words. Where do the interrogative words come in the question—at the end, in the middle, or at the beginning? How many of these question words are written with accent marks?

How many questions can you ask about this picture?

¡Vamos a practicar!

A. Imagine that you are playing a game with friends. You must choose the question that goes with each answer.

Primero, lee la respuesta y las preguntas. Luego, escoge la pregunta que va con la respuesta. Sigue el modelo.

Modelo: El ratón es pequeño.

     a. ¿Cómo se llama el ratón?

     b. ¿De qué color es el ratón?

     c. ¿Cómo es el ratón?

Respuesta: **c. ¿Cómo es el ratón?**

1. Voy a la escuela.

     a. ¿Cuándo vas?

     b. ¿Adónde vas?

     c. ¿A qué hora vas?

2. Me llamo Esteban Llosa.

     a. ¿Quién es el muchacho?

     b. ¿Qué es esto?

     c. ¿Cómo te llamas?

3. Son las tres menos quince.

     a. ¿Qué día es hoy?

     b. ¿A qué hora estudias?

     c. ¿Qué hora es?

4. Hay veinte loros.

     a. ¿Cuántos loros hay?

     b. ¿Qué son estos?

     c. ¿Cómo son los loros?

5. Estudio a las diez.

     a. ¿Qué hora es?

     b. ¿Adónde vas?

     c. ¿A qué hora vas a estudiar?

6. Es el salón de clase.

     a. ¿Cuándo vas a la clase?

     b. ¿Qué es esto?

     c. ¿Quién es?

B. Your television set is broken. The sound doesn't work well and you can't hear everything people are saying.

Primero, lee la pregunta (**P**) y la respuesta (**R**). Luego, completa la pregunta. Sigue el modelo.

> **Modelo:** P: ¿—— se llama usted?
>
> R: Me llamo señora Vallejo.
>
> **Respuesta:** P: **¿Cómo se llama usted?**

1. P: ¿—— es tu animal favorito?

   R: Mi animal favorito es el gato.

2. P: ¿—— es tu gato?

   R: Mi gato es blanco.

3. P: ¿—— años tiene el gato?

   R: Tiene diez años.

4. P: ¿—— se llama el gato?

   R: Se llama Tufito.

5. P: Rogelio, ¿—— es la fecha de hoy?

   R: Hoy es el treinta de enero.

6. P: ¿—— tiempo hace hoy?

   R: Hace mucho frío.

7. P: ¿—— hora vas a patinar?

   R: Voy a patinar a la una.

8. P: ¿—— día patinas?

   R: Patino todos los lunes.

C. Imagine that you and a friend are on a "Talkathon." How long can you both ask and answer questions without repeating yourselves?

Primero, escoge a un compañero. Luego, haz una pregunta y contesta otra pregunta. Haz preguntas y contesta preguntas muchas veces.

¡A conversar!

Nunca estudio

MÓNICA: Hola, Pedro. ¿A qué hora vas a la escuela el lunes?

PEDRO: A las ocho y media de la mañana.

MÓNICA: ¿A qué hora vas a estudiar esta tarde?

PEDRO: ¿Qué hora es?

MÓNICA: Son las tres y cuarto. Voy a estudiar a las tres y media. ¿Vas a estudiar a las tres y media también?

PEDRO: ¡Claro que no! Nunca estudio. No me gusta estudiar.

MAMÁ: Pedro, son las tres y veinte. ¡Esta tarde vas a estudiar dos horas!

PEDRO: ¡Ay, mamá! ¡Es el fin de semana!

MÓNICA: ¿Nunca estudias, eh? Hasta mañana, Pedro.

PEDRO: Hasta mañana, Mónica.

Preguntas

1. ¿A qué hora va Pedro a la escuela?
2. ¿A qué hora va a estudiar Mónica?
3. ¿A Pedro le gusta estudiar?
4. ¿Cuánto tiempo va a estudiar Pedro esta tarde?
5. ¿Tiene buena suerte Pedro?

¡Conversa tú! _____

1. ¿A qué hora vas a la escuela?
2. ¿A qué hora estudias?
3. ¿Cuánto tiempo estudias cada día?
4. ¿Estudias mucho los fines de semana?
5. ¿Te gusta estudiar dos horas?

¡A divertirnos!

· ·

Lolín y Joaquín dicen . . .

El tiempo es oro.

La cultura y tú

¿A qué hora es el programa?

No matter where you go, watching television is a popular pastime. In Spain and other Spanish-speaking countries around the world, you can even see programs that were made in the United States. The only difference is that they have been dubbed in Spanish. Look at the sample guide below to see how many programs you can recognize.

Lee los programas de televisión. ¿Qué programa te gusta? ¿A qué hora es el programa?

Telehorario: Sábado, 19 de febrero

8:00 El coche fantástico Las aventuras de Miguel y su coche negro, KITT.

9:00 Documental: Dinosaurios Antonio Sarapo habla de los dinosaurios.

9:30 Sábado mañana Variedades. La orquesta Sol y Sombra canta "El verano en México" y Pepe López canta y baila "La bamba."

10:00 La pantera rosa La pantera rosa va a la escuela.

10:30 La conquista del espacio El capitán Kirk va al planeta Vulcano con el señor Spock.

11:30 Profesor Poopsnagle "El misterio de la casa negra." El profesor va con Matt a Puerto Rico para investigar la misteriosa casa negra.

12:00 Especial de deportes El béisbol en la República Dominicana.

¿Te gusta la televisión? ¿A qué hora es tu programa favorito? ¿Cuál es tu programa favorito?

Unidad

Panorama de vocabulario

¿Cuál es tu clase favorita? _____

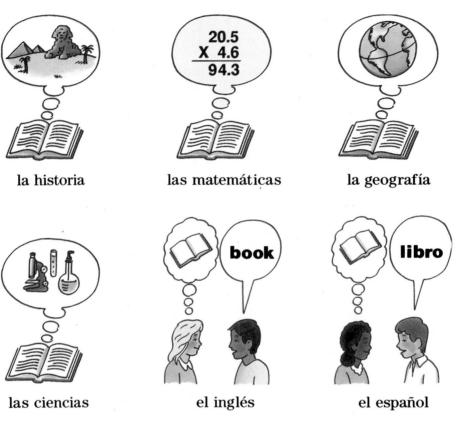

la historia   las matemáticas   la geografía

las ciencias   el inglés   el español

la educación física   la salud

¿Cómo es?

Es fácil.

Es difícil.

Es aburrido.

Es divertido.

Es interesante.

¡Es terrible!

Es importante.

¡Es fantástico!

¡Aprende el vocabulario!

A. Everyone has a favorite class. Which class does each of the following students like best?

Mira el dibujo. Contesta la pregunta. Sigue el modelo.

Modelo:  ¿Cuál es la clase favorita de Chela?

Respuesta: Es la geografía.

1.    ¿Cuál es la clase favorita de Fernando?

2.    ¿Cuál es la clase favorita de Jaime?

3.  ¿Cuál es la clase favorita de Lucía?

4.  ¿Cuál es la clase favorita de Óscar?

5.  ¿Cuál es la clase favorita de Tonia?

6.  ¿Cuál es la clase favorita de Elsa?

7. ¿Cuál es tu clase favorita?

B. Imagine that you are a reporter. What would the people in the pictures say if you asked what they were thinking?

Mira el dibujo. Escoge una frase que va con cada dibujo. Sigue el modelo.

Es interesante.	Es fácil.
Es importante.	Es divertido.
Es difícil.	¡Es terrible!
¡Es fantástico!	Es aburrido.

Modelo:

Respuesta: **Es divertido.**

1.

3.

5.

2.

4.

6.

C. Imagine that you are a reporter for the school newspaper. Take a survey of your classmates to find out what their classes are and why they like or don't like them.

Pregunta a cinco alumnos sobre las clases. Sigue los modelos.

Modelos:

TÚ: ¿Cuál es tu clase favorita?

ALUMNA: Es la salud.

TÚ: ¿Por qué?

ALUMNA: Es muy interesante. También es una clase importante.

TÚ: ¿Te gusta la clase de geografía?

ALUMNO: No, no me gusta la geografía.

TÚ: ¿Por qué no?

ALUMNO: Es una clase muy aburrida.

Este alumno es de España. ¿Qué estudia el alumno? ¿Es una clase interesante o aburrida? ¿Tiene sueño el muchacho?

Los sonidos del idioma

Las consonantes: La **d**

Escucha y repite.

Daniel	doce	comida	sábado
dentista	dulce	verde	verdad
dinero	domingo	adiós	morado

1. ¿Adónde vas todos los sábados?
2. El dos es verde y el doce es morado.
3. Dora da dinero al dentista.
4. Hay muchos días de fiesta en diciembre, ¿verdad?

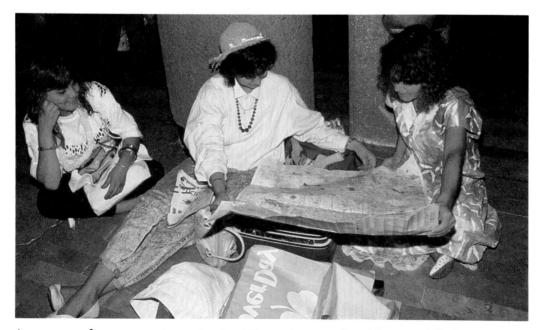

La geografía es muy importante. ¿Te gusta estudiar la geografía?

Talking about Your Likes and Dislikes

Study the pictures and the sentences. How do you talk about liking one thing? How do you talk about liking more than one thing?

Me gusta el libro.

Me gustan los libros.

¿**Te gusta** el pez?

¿**Te gustan** los peces?

A Inés **le gusta** el loro.

A Inés **le gustan** los loros.

Now study the following questions and answers. What words make it clear who likes or doesn't like something?

Pregunta: ¿A quién le gustan los perros?
Respuesta: **A mí** me gustan los perros.

Pregunta: **¿A ti** te gustan las matemáticas?
Respuesta: No, **a mí** no me gustan las matemáticas.

Pregunta: Señor Martí, ¿**a usted** le gustan los deportes?
Respuesta: Sí, me gustan mucho los deportes.

Pregunta: **A Elena** le gustan los gatos, ¿verdad?
Respuesta: No, **a ella** le gustan los canarios.

Pregunta: **¿A Sergio** le gustan las computadoras?
Respuesta: Sí, **a él** le gustan mucho las computadoras.

Look at the following lists:

a mí me gusta	a mí me gustan
a ti te gusta	a ti te gustan
a usted le gusta	a usted le gustan
a él le gusta	a él le gustan
a ella le gusta	a ella le gustan

What words do you use to emphasize that you like something?
What words do you use to be sure your friend likes something?
What words can you use to ask if someone else likes something?

¡Vamos a practicar!

A. Ignacio is in a bad mood today. He doesn't like anything you mention.

Completa la oración con **gusta** o **gustan.** Sigue el modelo.

    Modelo: ¡No me —— los libros!
    Respuesta: **¡No me gustan los libros!**

1. ¡No me —— la historia!
2. ¡No me —— las matemáticas!
3. ¡No me —— las mariposas!
4. ¡No me —— el arte!

5. ¡No me —— las clases!
6. ¡No me —— el pupitre!
7. ¡No me —— la biblioteca!
8. ¡No me —— los animales!

B. Hortensia, on the other hand, is in a great mood. How does she answer your questions?

Lee y contesta la pregunta. Sigue el modelo.

    Modelo: ¿A ti te gustan los osos?
    Respuesta: **¡Sí, a mí me gustan mucho!**

1. ¿A ti te gustan las clases?
2. ¿A ti te gusta el gimnasio?
3. ¿A ti te gusta la primavera?
4. ¿A ti te gustan los deportes?
5. ¿A ti te gustan los tigres?

6. ¿A ti te gusta el español?
7. ¿A ti te gustan los sábados?
8. ¿A ti te gustan los lunes?
9. ¿A ti te gusta el inglés?
10. ¿A ti te gustan los pájaros?

C. The school counselor wants to know who likes and who dislikes different classes. The first person he names always likes the class. The second person doesn't like the class. Help him out.

Primero, lee la pregunta. Luego, contesta la pregunta con **a él** o **a ella.** Sigue los modelos.

Modelo: ¿A quién le gustan las ciencias? ¿Juan o María?

Respuesta: A él le gustan las ciencias. A ella no le gustan las ciencias.

Modelo: ¿A quién le gusta la clase de salud? ¿Alicia o Paco?

Respuesta: A ella le gusta la clase de salud. A él no le gusta la clase de salud.

1. ¿A quién le gusta el arte? ¿Diego o Bárbara?
2. ¿A quién le gustan las matemáticas? ¿Paula o Samuel?
3. ¿A quién le gustan las computadoras? ¿Carlos o Linda?
4. ¿A quién le gusta la geografía? ¿Eduardo o Anita?
5. ¿A quién le gustan los deportes? ¿Rosa o Felipe?

D. Now the school counselor asks about your likes and dislikes. What does he ask you?

Primero, lee las palabras. Luego, escribe una pregunta. Sigue el modelo.

Modelo: las clases

Respuesta: ¿A ti te gustan las clases?

1. la música
2. los deportes
3. las matemáticas
4. la clase de salud

5. las ciencias
6. la educación física
7. las computadoras
8. la historia

E. Find out more about the people in class. Make up a question about each item on the list. Then ask different people the questions. Record their answers.

Primero, escribe una pregunta. Luego, escribe la respuesta. Sigue los modelos.

Modelo:

TÚ: Señora Ríos, ¿a usted le gustan las ciencias?

SRA. RÍOS: Sí, a mí me gustan mucho.

Respuesta: 1. **Sra. Ríos: A ella le gustan las ciencias.**

Modelo:

TÚ: Tomás, ¿a ti te gustan los gatos?

TOMÁS: No, a mí no me gustan los gatos.

Respuesta: 2. **Tomás: A él no le gustan los gatos.**

1. las computadoras
2. el inglés
3. el verano

4. los deportes
5. la música
6. los animales

7. los libros
8. las matemáticas
9. los lunes

Talking about What You Do

You have already learned to use verbs that end in **-ar.** Now look at two different verbs—**aprender** and **escribir.**

How does the verb **aprender** change to refer to your actions? How does it change to talk about other people's actions? Study the pictures and read the sentences.

Aprendo el español.

¿**Aprendes** el español?

¿**Aprende** usted el español?

Él **aprende** el español.

Ella **aprende** el español.

What ending do you use to talk about yourself?

What ending do you use to talk to a classmate?

What ending do you use to talk to an adult?

What ending do you use to talk about a third person?

Now study the following pictures and sentences. How does the verb
escribir change?

Escribo en la pizarra.

Tú **escribes** en la
pizarra también.

Usted **escribe** en la
pizarra.

Él **escribe** en la
pizarra.

Ella **escribe** en la
pizarra.

What ending do you use to talk about yourself?

What ending do you use to talk to a classmate?

What ending do you use to talk to an adult?

What ending do you use to talk about a third person?

The infinitive **aprender** ends in **-er.** The infinitive **escribir** ends in **-ir.**
Are the endings for these verbs alike or different? Once you know the
endings of regular **-er** and **-ir** verbs, you can use other verbs with these
infinitives as well.

Study the following charts of some regular **-er** and **-ir** verbs.

	aprender	**leer**	**comprender**
yo	aprend**o**	le**o**	comprend**o**
tú	aprend**es**	le**es**	comprend**es**
él ella usted	aprend**e**	le**e**	comprend**e**

	escribir	**vivir**	**abrir**
yo	escrib**o**	viv**o**	abr**o**
tú	escrib**es**	viv**es**	abr**es**
él ella usted	escrib**e**	viv**e**	abr**e**

Now practice reading the following questions and answers. Try to guess the meaning of **leer, comprender, vivir,** and **abrir** from the context.

Pregunta: ¿Lees muchos libros?

Respuesta: Sí, leo muchos libros. Me gustan los libros de historia.

Pregunta: Ana, ¿comprendes la pregunta?

Respuesta: No, señora. No comprendo la pregunta.

Pregunta: Pepe vive en una casa pequeña, ¿verdad?

Respuesta: No, él vive en una casa muy grande.

Pregunta: Señor Campos, ¿a qué hora abre usted la puerta de la escuela?

Respuesta: Siempre abro la puerta a las siete y media de la mañana.

¡Vamos a practicar!

A. Little Evita is pestering you with all her questions. Try to be patient as you answer her.

Primero, lee la pregunta. Luego, contesta con **sí** o **no**. Sigue el modelo.

Modelo: ¿Aprendes el español?

Respuesta: **Sí, aprendo el español.**

1. ¿Aprendes la historia?

2. ¿Aprendes las matemáticas?

3. ¿Lees mucho en la clase de inglés?

4. ¿Lees libros en el gimnasio?

5. ¿Comprendes la pregunta?

6. ¿Comprendes la lección?

B. Now Evita is curious about other things. She loves to ask you questions.

Lee la pregunta y contesta con **sí** o **no.** Sigue el modelo.

Modelo:  ¿Escribes en el libro?

Respuesta: **No, no escribo en el libro.**

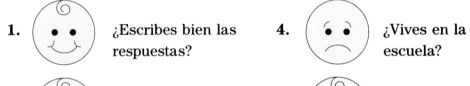

1. ¿Escribes bien las respuestas?

2. ¿Escribes en el cuaderno?

3. ¿Vives en una casa morada?

4. ¿Vives en la escuela?

5. ¿Abres el libro de ciencias?

6. ¿Abres la ventana?

C. A television crew has come into study hall. The news reporter asks everyone questions about what they are doing.

Primero, lee la pregunta. Contesta con la frase entre paréntesis. Usa la forma apropiada del verbo. Sigue los modelos.

Modelo: ¿Qué hace la muchacha?

(escribir en el cuaderno)

Respuesta: **Escribe en el cuaderno.**

Modelo: ¿Qué hace usted, señor?

(leer el libro de español)

Respuesta: **Leo el libro de español.**

1. ¿Qué hace la alumna?

(aprender la lección de historia)

2. ¿Qué hace el profesor?

(escribir en el papel)

3. ¿Qué hace usted, señora?

(leer las respuestas)

4. ¿Qué hace el muchacho?

(aprender las ciencias)

5. ¿Qué hace la muchacha?

(abrir el libro de geografía)

6. ¿Qué hace usted, señor?

(aprender el español)

D.   You have entered an essay contest about your favorite class. You must write at least five sentences about the class. Amalia has shown you her essay.

Escribe unas oraciones sobre tu clase favorita. Primero, lee el modelo.

Modelo: **Mi clase favorita**

Me gusta mucho la clase de matemáticas. No es difícil. Aprendo mucho en la clase. Leo el libro y comprendo las preguntas. Escribo las respuestas en el cuaderno. ¡Siempre tengo razón!

¡A conversar!

Alejandro y el profesor

SR. LÓPEZ: Alejandro, ¿qué clases te gustan?

ALEJANDRO: Me gustan las clases de computadoras, el español y la educación física.

SR. LÓPEZ: ¿Cuál es tu clase favorita?

ALEJANDRO: La clase de español. ¡Es fantástica!

SR. LÓPEZ: ¿Qué clase no te gusta?

ALEJANDRO: No me gusta la clase de geografía. Es muy difícil.

SR. LÓPEZ: ¿De veras? ¿Te gustan las matemáticas?

ALEJANDRO: ¡Claro que no! Es una clase muy aburrida. ¡Es terrible! Y usted, ¿es profesor?

SR. LÓPEZ: Sí. Soy el profesor de matemáticas.

ALEJANDRO: ¡Ay! ¡Disculpe, profesor! Hasta luego.

SR. LÓPEZ: ¡Hasta pronto, muchacho!

Preguntas

1. ¿Qué clases le gustan a Alejandro?
2. ¿Cuál es la clase favorita de Alejandro?
3. ¿Qué clase no le gusta?
4. ¿A Alejandro le gusta la clase de matemáticas?
5. ¿Quién es el profesor de matemáticas?

¡Conversa tú!

1. ¿Qué clases te gustan más?
2. ¿Cuál es tu clase favorita?
3. ¿Cuál clase es divertida?
4. ¿Tienes una clase muy difícil? ¿Cuál es?
5. ¿Tienes una clase muy fácil? ¿Cuál es?

¿Cuál es la clase? ¿Es fácil o difícil? ¿Es fantástica o aburrida? ¿Es interesante?

¡A divertirnos!

Joaquín en la bicicleta

Lee las aventuras. Para cada dibujo, contesta la
pregunta: **¿Cómo es?**

La cultura y tú

Una semana en el Colegio San Andrés

Look at the schedule for Carla Gómez. How many classes does she have every day? What are they? Try to guess the meaning of words you do not know.

HORARIO ESCOLAR				
Nombre: Carla Gómez Colegio San Andrés			Escuela secundaria Año: primer	
Buenos Aires			4 marzo–4 diciembre	
Horas	**LUNES**	**MARTES**	**MIÉRCOLES**	**JUEVES**	**VIERNES**
---	---	---	---	---	---
8:00–8:45	Matemáticas	Matemáticas	Matemáticas	Matemáticas	Matemáticas
8:50–9:40	Castellano	Castellano	Castellano	Castellano	Castellano
9:45–10:25	Geografía	Geografía	Geografía	Geografía	Geografía
10:30–10:50	Recreo	Recreo	Recreo	Recreo	Recreo
10:55–11:45	Historia	Historia	Historia	Historia	Historia
11:50–12:40	Inglés	Educación democrática	Inglés	Educación democrática	Inglés
12:40–1:45	Almuerzo	Almuerzo	Almuerzo	Almuerzo	Almuerzo
1:50–2:35	Cultura musical	Arte	Cultura musical	Arte	Cultura musical
2:40–3:15	Período de estudio	Período de estudio	Período de estudio	Período de estudio	Período de estudio
3:20–3:35	Recreo	Recreo	Recreo	Recreo	Recreo
3:40–4:25	Salud	Educación física	Salud	Educación física	Educación física

Tercer repaso

A. Una conversación

SR. BAZÁN: Buenas tardes, Lupita. ¿Cómo estás?

LUPITA: Buenas tardes, señor Bazán. Estoy muy mal.

SR. BAZÁN: ¿Por qué? ¿Tienes dolor?

LUPITA: No, señor. Tengo un problema. La clase de ciencias es muy difícil.

SR. BAZÁN: ¡Ah! ¿No te gustan las ciencias?

LUPITA: Sí, me gustan, pero no comprendo las preguntas y las respuestas.

SR. BAZÁN: ¿Lees el libro de ciencias?

LUPITA: Sí, leo el libro todos los días. Leo el libro cada día a las dos menos cinco.

SR. BAZÁN: Y, ¿a qué hora es la clase de ciencias?

LUPITA: ¡A las dos, señor!

Preguntas

1. ¿Tiene dolor Lupita?
2. ¿Cómo es la clase de ciencias?
3. ¿A ella le gustan las ciencias?
4. ¿Qué no comprende Lupita?
5. ¿A qué hora lee el libro?
6. ¿A qué hora es la clase de ciencias?

B. En tus palabras _____

Señor Bazán wants to know about your classes. Try to answer his questions as completely as you can.

Lee las preguntas y escribe las respuestas en tus palabras.

1. ¿Cuántas clases tienes cada día?
2. ¿Tienes una clase fácil? ¿Cuál es?
3. ¿Tienes una clase difícil? ¿Cuál es?
4. ¿Tienes una clase muy interesante? ¿Cuál es?
5. ¿Lees muchos libros?
6. ¿Escribes mucho en las clases?
7. ¿En qué clase aprendes mucho?
8. ¿A qué hora vas a tu clase favorita?

C. ¿Qué tienes? _____

Francisco's friends all seem to have something wrong today. How do his friends answer his questions?

Primero, lee la pregunta. Luego, escribe la respuesta con las palabras entre paréntesis. Sigue el modelo.

Modelo: Juanita, ¿qué tienes?   (tener sed)
Respuesta: **Tengo sed.**

1. Señora Castella, ¿qué tiene usted?   (tener hambre)
2. Alberto, ¿qué tienes?   (tener sueño)
3. Carolina, ¿qué tienes?   (tener frío)
4. Señor Fonseca, ¿qué tiene usted?   (tener la gripe)
5. Marcos, ¿qué tienes?   (tener sed)
6. Antonio, ¿qué tienes?   (tener miedo y tener mala suerte)

CH. ¡Preguntas y más preguntas!

Imagine that you could ask each person in the pictures two questions. What would you ask? How would you address each person? (If you need some ideas, look at the questions at the bottom of the page.)

Mira cada foto. Escribe dos preguntas para cada persona. Usa tú o usted. Lee las preguntas en el modelo.

Modelo: **6.** a. Señorita, ¿tiene suerte usted?

b. ¿A usted le gusta el color verde?

1.

3.

5.

2.

4.

6.

¿Cómo está usted?

¿A qué hora vas a la clase?

¿Cuántos años tienes tú?

¿Tiene prisa usted?

¿Adónde va usted?

¿Tienes dolor?

¿Le gusta caminar a usted?

¿Te gustan las clases?

¿Tienes hambre?

¿Te gusta el color rojo?

D. Un día en la escuela _____

What do students at the Colegio Juárez do during the day? What time do they do different things?

Primero, mira el dibujo. Luego, escribe una oración sobre el dibujo. Sigue el modelo.

Modelo: ¿Qué hace Yolanda?

Respuesta: **Ella estudia a las nueve y cuarto.**

1.   ¿Qué hace Diego?

3.   ¿Qué hace la señora Lima?

2.   ¿Qué hace Alejandro?

4.   ¿Qué hace Josefina?

E. Los gustos de Adriana

Adriana has very definite likes and dislikes. How does she answer your questions?

Primero, mira el dibujo y lee las palabras. Luego, contesta la pregunta. Sigue el modelo.

 **Modelo:** ¿el invierno?

Respuesta: **No me gusta el invierno.**

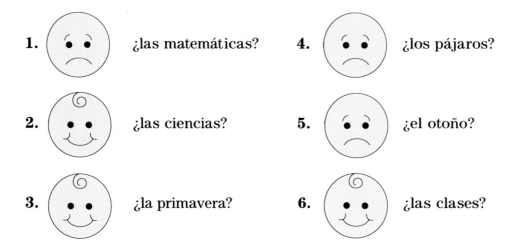

1. ¿las matemáticas?   4. ¿los pájaros?

2. ¿las ciencias?   5. ¿el otoño?

3. ¿la primavera?   6. ¿las clases?

F. ¿Qué te gusta a ti?

Do you have the same likes and dislikes as Adriana? Answer the questions in exercise E in your own words.

Lee las preguntas y escribe las respuestas en tus palabras.

G. En el correo

A letter has arrived for you from Amalia Hernández. She lives in Bogotá, Colombia. You may not understand every word in Amalia's letter, but try to guess the meaning from the context.

Primero, lee la carta. Luego, contesta las preguntas.

21 de abril

Querido amigo o querida amiga,

Me llamo Amalia. Vivo en un apartamento. No es muy grande. ¿Vives tú en una casa o en un apartamento?

Mis clases de la escuela son fantásticas. ¿Cómo son tus clases? A mí me gusta la clase de inglés. Aprendo mucho en la clase. A veces es difícil. ¿A ti te gusta la clase de español? ¿Cómo es la clase? ¿Aprendes mucho?

Este fin de semana voy al cine con mi amiga Estela. A ella le gusta la clase de música. Le gusta mucho cantar. También le gustan las canciones en inglés. ¿A ti te gusta cantar? ¿Te gustan las canciones en español?

Yo tengo dos amigos muy buenos en la escuela—Juan y Mónica. A él le gustan las canciones en inglés. A ella le gusta patinar en el invierno. ¿Tienes tú un amigo? ¿A él le gustan las canciones en español? ¿Tienes una amiga? ¿Qué le gusta a ella?

Ahora son las nueve de la noche. No tengo sueño porque me gusta escribir cartas. ¿Te gusta escribir cartas también? ¿Escribes en inglés o en español?

Con mucho cariño,

Amalia

Panorama de vocabulario

La familia de Luis y Ana _____

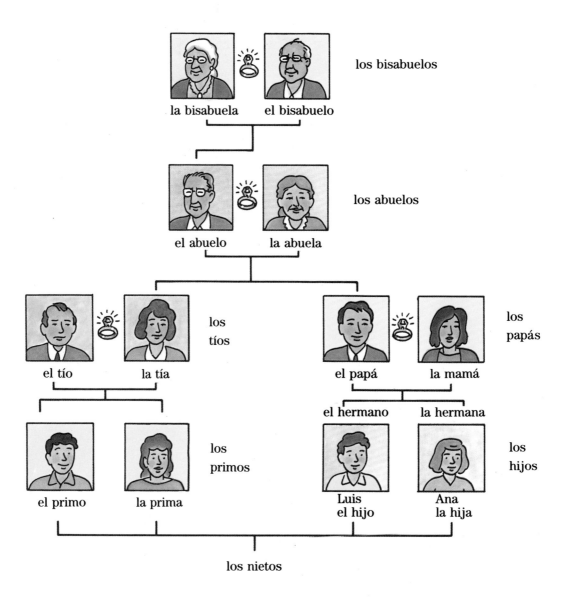

los bisabuelos

la bisabuela   el bisabuelo

los abuelos

el abuelo   la abuela

los tíos

el tío   la tía

los papás

el papá   la mamá

el hermano   la hermana

los primos

el primo   la prima

los hijos

Luis el hijo   Ana la hija

los nietos

Una familia cambia

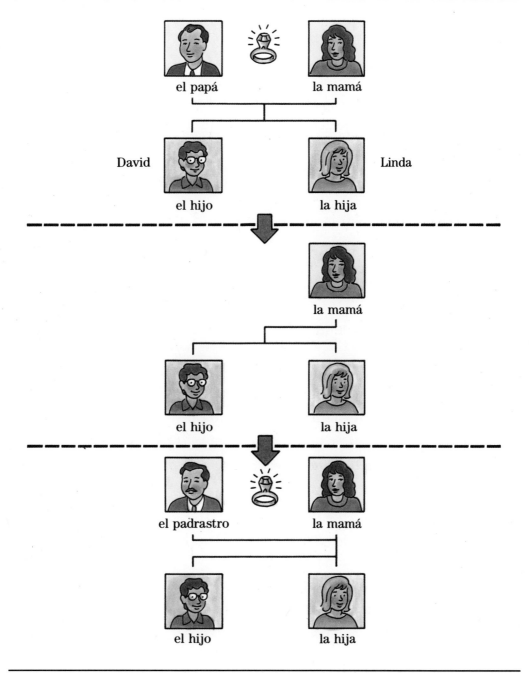

el papá   la mamá

David   el hijo   la hija   Linda

la mamá

el hijo   la hija

el padrastro   la mamá

el hijo   la hija

¡Aprende el vocabulario!

A. Carlos has drawn his family tree. Look at the tree and answer some questions. Use the letters as clues.

Lee la pregunta. Busca la letra. Contesta la pregunta. Sigue el modelo.

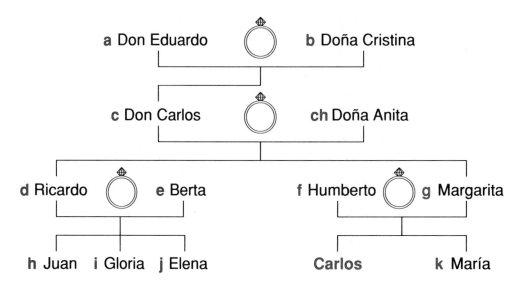

Modelo: ¿Cómo se llama el hermano de Elena y Gloria? (h)

Respuesta: **El hermano se llama Juan.**

1. ¿Cómo se llama la bisabuela de Carlos? (b)
2. ¿Cómo se llama el tío de Carlos? (d)
3. ¿Cómo se llama el papá de Carlos? (f)
4. ¿Cómo se llama una prima de Carlos? (i)
5. ¿Cómo se llama la mamá de Elena? (e)
6. ¿Cómo se llama la mamá de Margarita? (ch)
7. ¿Cómo se llama la prima de Juan? (k)
8. ¿Cómo se llama la abuela de Carlos y María? (ch)

B. Look at the family tree again and complete the sentences. Use the letters as clues.

Primero, lee las oraciones y busca las letras. Luego, completa cada oración. Sigue los modelos.

Modelo: (a) Don Eduardo es —— de Carlos.

Respuesta: (a) **Don Eduardo es el bisabuelo de Carlos.**

Modelo: (j) Elena es —— de Carlos.

Respuesta: (j) **Elena es la prima de Carlos.**

1. (c) Don Carlos es —— de Carlos.

2. (g) Margarita es —— de Carlos.

3. (k) María es —— de Carlos.

4. (b) Doña Cristina es —— de Carlos.

5. (d) Ricardo es —— de Carlos.

6. (e) Berta es —— de Carlos.

7. (f) Humberto es —— de Carlos.

8. (ch) Doña Anita es —— de Carlos.

9. (h) Juan es —— de Carlos.

10. (i) Gloria es —— de Carlos.

C. Imagine that you are showing pictures of your family to Carlos. He asks you many questions.

Lee y contesta las preguntas. Escribe las respuestas.

1. ¿Tienes hermanos? ¿Cuántos hermanos tienes?

2. ¿Tienes primos? ¿Cuántos primos tienes?

3. ¿Tienes bisabuelos? ¿Cuántos bisabuelos tienes?

4. ¿Tienes abuelos? ¿Cuántos abuelos tienes?

5. ¿Tienes tíos y tías? ¿Cuántos tíos tienes? ¿Cuántas tías tienes?

6. ¿Tienes un papá? ¿Tienes una mamá? ¿Cómo se llama tu papá? ¿Cómo se llama tu mamá?

Los sonidos del idioma

Las consonantes: La **p** y la **t**

Escucha y repite.

papa	sopa	taza	cita
Pedro	tapa	techo	mate
piso	sapo	tiza	partido

1. Pedro pone los papeles para papá en el piso.
2. Tomás tiene la tiza y el teléfono.
3. Teresa puso pan en el plato de tu tío.
4. La pelota del partido rompió el techo.

¿Cómo es la familia de Marcela?

Talking about Possessions

Study the following pictures and sentences. What word do you use to say that something belongs to you? What words do you use to say that something belongs to other people?

¡Es **mi** perro!

¿Es **tu** perro?

Señor, ¿es **su** perro?

Es **su** perro.

Es **su** perro.

How do you say that something belongs to you?

How do you say that something belongs to your friend?

How do you say that something belongs to an adult?

How do you say that something belongs to a third person?

Examine the following questions and answers. How do the words change when the person has more than one?

Pregunta: ¿Quién es el hombre grande?
Respuesta: Es **mi** abuelo.

Pregunta: ¿Quiénes son los muchachos?
Respuesta: Son **mis** hermanos.

Pregunta: ¿De quién es el libro? ¿Es **tu** libro?
Respuesta: No, no es **mi** libro.

Pregunta: Rita y Raúl son **tus** primos, ¿verdad?
Respuesta: Sí, son **mis** primos.

Pregunta: Señora, ¿la muchacha es **su** hija?
Respuesta: Sí, ella es **mi** hija.

Pregunta: Señor, los muchachos son **sus** hijos, ¿verdad?
Respuesta: Sí, son **mis** hijos.

The words **mi, mis, tu, tus, su,** and **sus** are called possessive adjectives. Do they come before or after the word they describe?

How observant are you? Look at the following sentences:

Tú escribes mucho en **tu** cuaderno.
A **mí** me gusta mucho **mi** casa.

In each sentence, does the possessive adjective have an accent mark?

¡Vamos a practicar!

A. Marisela is showing you her family album. You are trying to guess who is in her family.

Primero, lee la pregunta. Luego, contesta con la palabra entre paréntesis. Sigue el modelo.

Modelo: ¿Es tu hermano?

(primo)

Respuesta: No, es mi primo.

1. ¿Es tu abuelo?

(bisabuelo)

2. ¿Es tu tía?

(abuela)

3. ¿Es tu hermana?

(prima)

4. ¿Es tu bisabuela?

(mamá)

5. ¿Es tu papá?

(tío)

6. ¿Es tu primo?

(hermano)

B. Marisela's father wants to look at pictures, too. Ask both Marisela and her father about the people in the pictures.

Lee la pregunta. Completa la pregunta con **tu, tus, su** o **sus**. Sigue el modelo.

Modelo: Señor, ¿es —— papá?

Respuesta: Señor, ¿es su papá?

1. Señor, ¿son —— abuelos?

2. Marisela, ¿es —— tía?

3. Marisela, ¿son —— primos?

4. Señor, ¿es —— hermano?

5. Señor, ¿son —— tíos?

6. Marisela, ¿son —— hermanas?

7. Señor, ¿es —— hijo?

8. Marisela, ¿son —— papás?

C. Imagine that you are listening to a radio talk show. Many people are calling in to ask the disk jockey, José Arco, questions. Unfortunately, there is a lot of static and you can't hear every word.

Primero, lee la pregunta y la respuesta. Completa las oraciones. Sigue los modelos.

Modelo: P: José, ¿cómo se llama —— hermana?

R: —— hermana se llama Consuelo.

Respuesta: P: **José, ¿cómo se llama tu hermana?**

R: **Mi hermana se llama Consuelo.**

Modelo: P: Señor, ¿de qué color es —— casa?

R: —— casa es azul.

Respuesta: P: **Señor, ¿de qué color es su casa?**

R: **Mi casa es azul.**

1. P: Señor, ¿es grande —— familia?

R: No, —— familia no es grande.

2. P: José, ¿cuántas personas hay en —— familia?

R: Hay cinco personas en —— familia.

3. P: José, ¿cómo se llama —— hija?

R: —— hija se llama Rosita.

4. P: Señor, ¿cuántos años tiene —— hija?

R: —— hija tiene trece años.

5. P: José, ¿cuáles son —— animales favoritos?

R: —— animales favoritos son el oso y el tigre.

D. Choose a partner. First, ask your partner five questions about his or her possessions. Then answer five questions about your possessions.

Primero, escribe cinco preguntas. Pregúntalas a tu compañero. Luego, contesta las preguntas de tu compañero. Contesta las preguntas en oraciones completas. Lee las preguntas en el modelo.

Modelo:
1. ¿Tienes tu libro de español?
2. ¿De qué color son tus bolígrafos?
3. ¿Cómo son tus lápices, largos o cortos?
4. ¿Escribes mucho en tu cuaderno?
5. ¿Te gusta leer tu libro de historia?

E. Imagine that your favorite singer is visiting your class. You want to learn about his or her family. Write five questions you would like to ask the singer.

Escribe cinco preguntas sobre una familia. Primero, lee las preguntas en el modelo.

Modelo:
1. ¿Es grande o pequeña su familia?
2. ¿Cómo se llama su mamá?
3. ¿Va su hermano a la escuela?
4. ¿Son alumnos sus hermanos?
5. ¿Vive su abuela en una casa grande?

Talking about Special People and Things

In Spanish, you can add endings to words to show that they are special to you. Study the following pictures and sentences. What are the special endings?

Es mi **perrito**.

Son mis **abuelitos**.

Es mi **casita**.

Son mis **hermanitas**.

The endings -**ito**, -**itos**, -**ita**, and -**itas** are called diminutive endings. Study the following nouns. How do you add the endings to the words?

mi herman**o**	mi herman**ito**	mi herman**a**	mi herman**ita**
mis abuel**os**	mis abuel**itos**	mis abuel**as**	mis abuel**itas**

Diminutive endings can also be used to show that something is small in size. Compare the following sentences.

Leo mi **libro**.	Leo mi **librito**.
Escribo en el **papel**.	Escribo en un **papelito**.
Él vive en una **casa** grande.	Ella vive en una **casita**.
Tengo cuatro **pájaros**.	Tengo cuatro **pajaritos**.

Did the word **papel** change when the ending was added? How did the word **pájaros** change when the ending was added?

Sometimes the endings can be added to people's names to make nicknames. Study the following sentences:

Juan tiene doce años.   **Juanito** tiene doce años.

Adela tiene doce años.   **Adelita** tiene doce años.

Luis escribe muy bien.   **Luisito** escribe muy bien.

Rosa escribe muy bien.   **Rosita** escribe muy bien.

Practice reading the following questions and answers:

Pregunta: ¿Cuántos años tiene tu hermano?
Respuesta: Mi hermanito tiene seis años.

Pregunta: Su abuela vive en una casa blanca, ¿verdad?
Respuesta: No, mi abuelita vive en una casita rosada.

Pregunta: ¿Tienes muchos papeles?
Respuesta: No, tengo dos papelitos.

Pregunta: Juanito, ¿cuántas hermanas tienes?
Respuesta: Tengo tres hermanitas.

¡Vamos a practicar!

A. Sandra loves her family and the things around her. How does she answer your questions?

Lee y contesta las preguntas. Usa **-ito, -itos, -ita** o **-itas**. Sigue el modelo.

> **Modelo:** ¿Tienes un hermano?
> **Respuesta:** **Sí, tengo un hermanito.**

1. ¿Tienes una abuela?
2. ¿Tienes un primo?
3. ¿Tienes un papel?
4. ¿Tienes una casa?

5. ¿Tienes dos hermanas?
6. ¿Tienes tres libros?
7. ¿Tienes dos abuelos?
8. ¿Tienes cinco perros?

B. Carlos likes things that are small. How does he answer your questions?

Lee y contesta las preguntas. Sigue el modelo.

> **Modelo:** ¿Lees un libro grande?
> **Respuesta:** **No, leo un librito.**

1. ¿Tienes un gato grande?
2. ¿Escribes en el papel grande?
3. ¿Te gustan los conejos grandes?

4. ¿Tienes dos pájaros grandes?
5. ¿Te gustan los loros grandes?
6. ¿Vives en una casa grande?

C. Imagine that your friend has the habit of always using diminutive endings. It's driving you crazy! Change all his sentences back to normal.

Cambia las palabras y escribe la oración. Sigue el modelo.

Modelo: Miguelito tiene dos hermanitas.
Respuesta: **Miguel tiene dos hermanas.**

1. A Juanito le gustan los perritos.
2. Rosita escribe en un papelito azul.
3. Mi hermanito se llama Luisito.
4. Mi abuelito vive en la casita gris.
5. Mi primita se llama Adelita.
6. La hermanita de Robertito se llama Juanita.

D. Imagine that you have to introduce your best friend to an audience. You have been asked to talk briefly about your friend. Prepare your notes.

Escribe cinco oraciones sobre tu amigo o tu amiga. Primero, lee el modelo.

Modelo: Mi amiga se llama Rosita. Ella tiene dos hermanitos y tres hermanitas. Rosita vive en una casita verde. Tiene un perrito y un conejito. A ella le gustan mucho sus animalitos.

¡A conversar!

Una familia pequeña _____

LUISA: Eduardo, ven y te presento a mi familia.

EDUARDO: ¿Es grande tu familia?

LUISA: No, no es grande. Mi familia es pequeña. Te presento a mi papá, Juan Escobar, y a mi mamá, María Ruiz de Escobar.

EDUARDO: Mucho gusto, señor. Encantado, señora.

LUISA: Ahora te presento a mis tíos. Mi tía se llama Yolanda y mi tío se llama Rafael. ¡Oh, aquí están mis abuelitos! Mi abuelito se llama don Chucho. Mi abuelita se llama doña Alba.

EDUARDO: Mucho gusto, don Chucho. Mucho gusto, doña Alba. Luisa, ¿tienes hermanos?

LUISA: ¡Claro que sí! Te presento a mi hermano Antonio, a mi hermanita Ana, a mi hermanito Paco, a mi prima Josefa, a mi primo . . .

EDUARDO: ¡Uf! ¿Ésta es una familia pequeña?

Preguntas

1. ¿Cómo es la familia de Luisa?
2. ¿Cómo se llama su papá? ¿Cómo se llama su mamá?
3. ¿Cómo se llama su tío? ¿Cómo se llama su tía?
4. ¿Cómo se llama su abuelo? ¿Cómo se llama su abuela?
5. ¿Cuántos hermanos y hermanas tiene Luisa?

¡Conversa tú! _____

1. ¿Es grande o pequeña tu familia?
2. ¿Tienes hermanos y hermanas?
3. ¿Cómo se llama tu mamá? ¿Cómo se llama tu papá?
4. ¿Tienes abuelos? ¿Tienes bisabuelos?
5. ¿Tienes muchos primos? ¿Tienes pocos primos?

La familia de Eduardo vive en Bogotá, Colombia. ¿Cómo es la familia?

¡A divertirnos!

La familia de Lolín

Mira las dos fotografías de la familia de Lolín. ¿Qué falta en la fotografía número dos?

1.

2.

La cultura y tú

Un domingo con dos familias

Sundays are special days for most Hispanic families. In large cities and small towns, families meet on Sunday afternoons to spend some time together.

Mira las fotos. ¿Cómo son las familias? ¿Qué día es?

Esta familia pasa el domingo en casa. ¿Cuántas personas hay en esta familia?

Esta familia pasa el domingo en casa también. ¿Tiene hambre la abuela? ¿Tiene hambre su hijo?

Panorama de vocabulario

¿Cuáles son las partes del cuerpo? _____

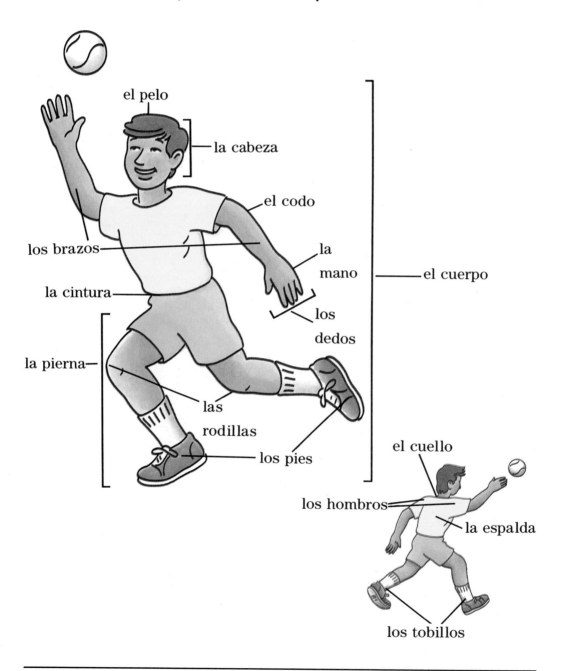

el pelo

la cabeza

el codo

los brazos

la mano

el cuerpo

la cintura

los dedos

la pierna

las rodillas

los pies

el cuello

los hombros

la espalda

los tobillos

¿Cuáles son las partes de la cabeza? _____

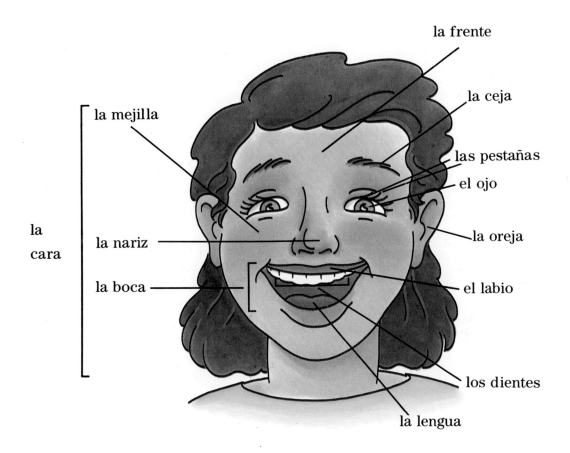

la frente

la ceja

las pestañas

el ojo

la oreja

la mejilla

la cara

la nariz

la boca

el labio

los dientes

la lengua

¡Aprende el vocabulario!

A. Little Marisa needs your help. Answer her questions about the different parts of the body.

Mira el dibujo. Lee y contesta cada pregunta. Sigue el modelo.

Modelo: **1.** ¿Es la espalda?

Respuesta: **1. No, no es la espalda. Es la cabeza.**

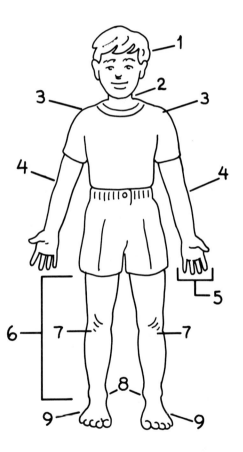

1. ¿Es la cintura?
2. ¿Es el tobillo?
3. ¿Son las rodillas?
4. ¿Son los hombros?
5. ¿Son las orejas?
6. ¿Son los brazos?
7. ¿Son los codos?
8. ¿Son las manos?
9. ¿Son las piernas?

B. You are judging a game of **"Simón dice."** Are the people in the pictures in or out of the game?

Mira el dibujo. Lee la oración. Sigue los modelos.

Modelo: Simón dice
—Toca el pelo.

 Simón dice
—Toca la nariz.

Respuesta: **Correcto.**   **Incorrecto.**

1.  Simón dice
—Toca las cejas.

4.  Simón dice
—Toca las mejillas.

2.  Simón dice
—Toca los labios.

5.  Simón dice
—Toca la lengua.

3.  Simón dice
—Toca la oreja.

6.  Simón dice
—Toca los ojos.

C. Look at the people in the pictures. How quickly can you identify the parts of the body?

Mira el dibujo. Lee cada letra y nombra la parte del cuerpo. Sigue el modelo.

Modelo:

Respuesta: a. **el pelo**

b. **el codo**

c. **la rodilla**

1.

3.

2.

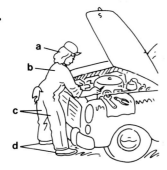

4.

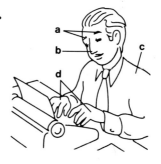

Los sonidos del idioma

Las consonantes: La **n** y la **ñ**

Escucha y repite.

nacho	una	ñame	doña
negro	enero	enseña	paño
nido	línea	año	español

1. El canario se levanta del nido nítido.
2. La señorita come piñas por la mañana.
3. La niña española habla alemán en enero.
4. Doña Ana enseña paños finos en la tienda.

Ésta es la pintura de una cara. ¿Cuáles son las partes de la cara?

Talking about Your Aches and Pains

Study the following pictures and sentences. The words **duele** and **duelen** come from the verb **doler**. How does the verb **doler** change when more than one thing hurts?

Me **duele** la cabeza.

¿Te **duele** la cabeza?

¿Le **duele** la cabeza?

Me **duelen** los pies.

¿Te **duelen** los pies?

¿Le **duelen** los pies?

When do you use **duele**? When do you use **duelen**? This verb follows the same pattern as one you already know—**gustar**.

How observant are you? Did you notice that the front part of the verb, called the stem, changes in spelling? The infinitive is **doler,** but when you use the verb, the words are **duele** and **duelen.**

Study the following questions and answers:

Pregunta: A ti te duelen los brazos, ¿verdad?
Respuesta: Sí, a mí me duelen mucho.

Pregunta: Señorita Díaz, ¿a usted le duele la cabeza?
Respuesta: No, a mí no me duele la cabeza.

Pregunta: ¿A Jorge le duelen las piernas?
Respuesta: No, a él le duelen las manos.

Pregunta: ¿A Dorotea le duele el cuello?
Respuesta: Sí, a ella le duele mucho el cuello.

What words do you use to emphasize that something hurts you?
What words do you use to find out if your friend is hurting?
What words do you use to ask an adult if something hurts?
What words do you use to ask if a third person is hurting?

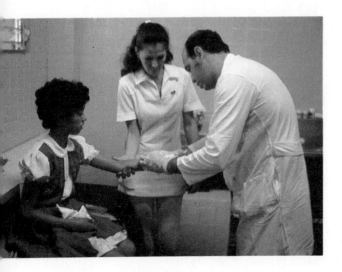

¿Qué le duele a la muchacha?

¡Vamos a practicar!

A. Imagine that you have been watching home movies with a friend. When the movies end, your friend tries to find the light switch but keeps bumping into the furniture. Try to find out what hurts.

Primero lee la pregunta. Luego, escoge la palabra que va con **duele** o **duelen**. Sigue el modelo.

Modelo: ¿A ti te duelen (el dedo, los dedos)?

Respuesta: **¿A ti te duelen los dedos?**

1. ¿A ti te duele (la rodilla, las rodillas)?
2. ¿A ti te duelen (la oreja, las orejas)?
3. ¿A ti te duelen (la mano, las manos)?
4. ¿A ti te duele (el tobillo, los tobillos)?
5. ¿A ti te duelen (el codo, los codos)?

B. Imagine that you have hurt yourself at school. The nurse wants to know what hurts.

Lee las palabras. Contesta la pregunta con **sí** o **no**. Usa **duele** o **duelen**. Sigue el modelo.

Modelo: ¿la mano? (no)

Respuesta: **No, no me duele la mano.**

1. ¿los pies? (sí)
2. ¿las rodillas? (sí)
3. ¿la oreja? (no)
4. ¿los dedos? (no)
5. ¿la espalda? (no)
6. ¿el cuello? (sí)

C. Imagine that some classmates have hurt themselves in gym class. They are too shy to answer the nurse's questions. You have to answer for them.

Lee la pregunta. Contesta con las palabras entre paréntesis. Sigue los modelos.

Modelo: ¿Qué le duele a María?

(los dientes)

Respuesta: A ella le duelen los dientes.

Modelo: ¿Qué le duele a Enrique?

(el cuello)

Respuesta: A él le duele el cuello.

1. ¿Qué le duele a David?

(los pies)

2. ¿Qué le duele a Berta?

(la espalda)

3. ¿Qué le duele a Ricardo?

(el codo)

4. ¿Qué le duele a Manuel?

(las piernas)

5. ¿Qué le duele a Rita?

(las rodillas)

6. ¿Qué le duele a Sarita?

(la mano)

7. ¿Qué le duele a Pancho?

(el tobillo)

8. ¿Qué le duele a Lidia?

(los brazos)

9. ¿Qué le duele a Paula?

(la nariz)

10. ¿Qué le duele a Fernando?

(los hombros)

Talking about Parts of the Body

Study the following questions and answers:

Pregunta: ¿Qué te duele?
Respuesta: Me duele **la** espalda.

Pregunta: ¿A ti te duele **el** codo?
Respuesta: Sí. También me duelen **los** dedos, **las** manos y **los** brazos.

What kind of words are **el, los, la,** and **las**?

What kind of words are **mi, tu,** and **su**?

Which words do you use when you talk about parts of the body?

¡Vamos a practicar!

A.   How quickly can you fill in the blanks?

Completa las oraciones. Sigue el modelo.

Modelo: ¿A Fernando le duelen —— pies?
Respuesta: **¿A Fernando le duelen los pies?**

1. ¿A ti te duele —— cabeza?
2. No, a mí me duelen —— brazos.
3. ¿A Carmen le duelen —— rodillas?
4. No, a ella le duele —— tobillo.
5. ¿A Sergio le duelen —— manos?
6. No, a él le duelen —— dedos.

¡A conversar!

Un dolor sospechoso

MAMÁ: Víctor, son las siete y media de la mañana. Ya es hora de ir a la escuela.

VÍCTOR: ¡Estoy muy mal! ¡Ayyy! Tengo mucho dolor.

MAMÁ: ¿Qué te duele, hijo?

VÍCTOR: Ay, mamá, me duelen la cabeza, las piernas y los brazos.

MAMÁ: ¿Te duele todo el cuerpo?

VÍCTOR: Sí, me duele todo el cuerpo. Me duelen los ojos, las manos, los dientes, las ...

MAMÁ: ¡Víctor! No te duele todo el cuerpo. Hoy vas a la escuela.

VÍCTOR: ¡Por favor, mamá! Tengo un examen de historia hoy. ¡Hasta me duelen las pestañas!

MAMÁ: ¡Qué muchacho! ¡A la escuela! ¡Ahora mismo!

Preguntas

1. ¿Qué hora es?
2. ¿Cómo está Víctor?
3. ¿Qué partes del cuerpo le duelen a Víctor?
4. ¿Qué va a tener en la clase de historia?
5. ¿Va Víctor a la escuela hoy?

¡Conversa tú!

1. ¿A qué hora vas a la escuela?
2. ¿Cómo estás hoy?
3. ¿Te duele la cabeza?

4. ¿Te duelen las piernas?
5. ¿Tienes un examen hoy?

¡A divertirnos!

Lolín y Joaquín dicen . . .

Cuatro ojos ven más que dos.

La cultura y tú

Vamos a bailar

One way to keep in shape is to dance. The dances in Spanish-speaking countries are usually very lively and fun to do.

En los países hispanos hay muchos bailes típicos. A la gente le gusta bailar. ¿A ti te gusta bailar también?

Este baile típico es del Perú.

Miami. A la muchacha le gusta mucho bailar la rumba.

El flamenco es un baile de España.

Colombia. Ella baila el bambuco.

Panorama de vocabulario

¿Te gusta la ropa? _____

el suéter

la bata

el abrigo

la blusa

la falda

el vestido

la camisa

los pantalones

la chaqueta

el sombrero

los zapatos

las botas

el pijama

el traje de baño

el impermeable

las medias

los calcetines

la camiseta

¿Cómo es la ropa?

grande

mediano

pequeño

la tienda de ropa

bonito

feo

la tienda de ropa

comprar

llevar

¡Aprende el vocabulario!

A. Imagine that you are shopping with a friend. Your friend wants to know what you are going to buy.

Mira el dibujo. Contesta la pregunta: **¿Qué vas a comprar?** Sigue el modelo.

Modelo:

Respuesta: **Voy a comprar una chaqueta.**

1.

2.

3.

4.

5.

6.

7.

8.

9.

10.

11.

12.

B. Now your friend wants to know what you are going to wear this weekend.

Lee las palabras. Contesta la pregunta: **¿Qué vas a llevar?** Sigue el modelo.

Modelo: el suéter / la blusa / la falda

Respuesta: **Voy a llevar un suéter, una blusa y una falda.**

1. la chaqueta / la camisa / los pantalones
2. la bata / el pijama
3. el abrigo / el sombrero / las botas
4. la camiseta / los pantalones / los calcetines
5. el vestido / el impermeable / los zapatos
6. el traje de baño / el sombrero

C. Salvador, Consuelo, and Jorge wear different sizes of clothing. What sizes are they wearing?

Mira el dibujo. Contesta las preguntas. Sigue el modelo.

Salvador   Consuelo   Jorge

Modelo: ¿Cómo es el sombrero de Salvador?
Respuesta: **El sombrero es pequeño.**

1. ¿Cómo es la falda de Consuelo?
2. ¿Cómo es la bata de Jorge?
3. ¿Cómo son las botas de Consuelo?
4. ¿Cómo es la chaqueta de Salvador?
5. ¿Cómo son los calcetines de Jorge?
6. ¿Cómo es la camisa de Salvador?
7. ¿Cómo es el suéter de Consuelo?
8. ¿Cómo son los zapatos de Salvador?
9. ¿Cómo es el pijama de Jorge?
10. ¿Cómo es el abrigo de Consuelo?

D. Imagine that an exchange student from Ecuador is coming to live with you for a year. Your guest is not sure what clothes to pack and wants to know what you wear.

Lee y contesta las preguntas. Sigue el modelo.

Modelo: ¿Qué llevas en mayo?
Respuesta: **En mayo llevo una camisa y pantalones. A veces llevo una chaqueta.**

1. ¿Qué llevas en enero?
2. ¿Qué llevas en septiembre?
3. ¿Qué llevas en junio?
4. ¿Qué llevas en marzo?
5. ¿Qué llevas en noviembre?
6. ¿Qué llevas en agosto?
7. ¿Qué llevas en abril?
8. ¿Qué llevas en diciembre?

Los sonidos del idioma

Las consonantes: La **h**

Escucha y repite.

hace	hola	Héctor
hermana	humano	historia
hijo	hablar	ahora

1. Es la hora de hablar con los hermanos.
2. Mi hermano Héctor no hace nada.
3. Ahora Helena cuenta historias a los Hernández.

Me llamo Pedro. ¿Cómo es mi ropa?

Me llamo Zoraida. ¿Es bonita mi ropa?

Talking about How Clothes Look

Study the pictures and sentences. How does the verb **quedar** change when you talk about more than one item of clothing?

Me **queda** bien la falda.

Te **queda** mal la camisa.

A ella le **queda** mal el vestido.

Me **quedan** mal los zapatos.

Te **quedan** bien los pantalones.

A él le **quedan** mal los calcetines.

This verb follows the same pattern as two other verbs you have learned. How is the verb **quedar** like the verbs **gustar** and **doler**?

Look at the sentences again. How is the word **bien** used to describe how the clothing looks? How is the word **mal** used to describe how the clothing looks?

Study the following questions and answers:

Pregunta: Mamá, ¿cómo me queda el vestido?
Respuesta: Te queda muy mal. El vestido te queda grande.

Pregunta: ¿Te quedan pequeños los zapatos?
Respuesta: No, no me quedan pequeños. Me quedan muy bien.

Pregunta: ¿A Luisa le queda larga la falda?
Respuesta: No, a ella no le queda larga.

In the first answer, what does the word **grande** describe?

In the second answer, what does the word **pequeños** describe?

In the third answer, what does the word **larga** describe?

¡Vamos a practicar!

A. You are at a fashion show. It's so noisy you can't hear your friend's remarks about the clothes the models are wearing.

Primero, lee la oración. Luego, completa la oración con **queda** o **quedan**. Sigue el modelo.

Modelo: ¡El traje de baño le —— pequeño!
Respuesta: **¡El traje de baño le queda pequeño!**

1. ¡La camisa le —— larga!
2. ¡Las botas le —— grandes!
3. ¡Los zapatos le —— bien!
4. ¡El sombrero le —— grande!

5. ¡Los calcetines le —— mal!
6. ¡La chaqueta le —— grande!
7. ¡Los pantalones le —— cortos!
8. ¡La falda le —— larga!

B. Imagine that you are trying on clothes with some friends. They want to know your opinion.

Primero, mira el dibujo. Luego, contesta la pregunta con **bien** o **mal**. Sigue el modelo.

Modelo:  ¿Cómo me queda el vestido?

Respuesta: **Te queda mal el vestido.**

1.

¿Cómo me queda la camisa?

3.

¿Cómo me quedan los pantalones?

2.

¿Cómo me quedan las medias?

4.

¿Cómo me queda el sombrero?

C. Now your friends give their opinions of the clothes you try on. What do they say?

Primero, lee la pregunta. Luego, contesta la pregunta con la palabra entre paréntesis. Sigue el modelo.

Modelo: ¿Cómo me quedan las botas?

(grandes)

Respuesta: Las botas te quedan grandes.

1. ¿Cómo me queda el abrigo?

(corto)

2. ¿Cómo me queda el suéter?

(pequeño)

3. ¿Cómo me quedan los pantalones?

(cortos)

4. ¿Cómo me quedan los calcetines?

(largos)

5. ¿Cómo me queda la camiseta?

(grande)

6. ¿Cómo me queda el impermeable?

(largo)

D. Mrs. Villegas has finished the costumes for the school play. The students are trying them on. She would like your opinion.

Primero, lee la pregunta. Luego, usa la palabra entre paréntesis en tu respuesta. Cambia la palabra si es necesario. Sigue el modelo.

Modelo: ¿Cómo le queda la bata a Rogelio?   (largo)
Respuesta: La bata le queda larga.

1. ¿Cómo le queda la falda a Lupe?   (corto)
2. ¿Cómo le quedan los pantalones a Vicente?   (grande)
3. ¿Cómo le quedan los zapatos a Gloria?   (pequeño)
4. ¿Cómo le queda el pijama a María?   (bien)
5. ¿Cómo le quedan las botas a Alberto?   (pequeño)
6. ¿Cómo le queda la camisa a Marcos?   (corto)
7. ¿Cómo le queda el suéter a Rita?   (mal)
8. ¿Cómo le quedan los pantalones a Eduardo?   (largo)
9. ¿Cómo le queda la bata a Dorotea?   (largo)
10. ¿Cómo le queda el abrigo a Luis?   (grande)
11. ¿Cómo le quedan los calcetines a José?   (pequeño)
12. ¿Cómo le queda el vestido a Elena?   (mal)

E. Imagine that you are going to a party. You want to look your best. What do you ask your best friend as you try on your clothes?

Primero, lee las palabras. Luego, escribe una pregunta con las palabras. Sigue el modelo.

Modelo: corto / la falda
Respuesta: **¿Me queda corta la falda?**

1. grande / las medias
2. pequeño / la camiseta
3. largo / el abrigo
4. corto / la chaqueta
5. pequeño / la blusa
6. largo / la camisa
7. grande / las botas
8. corto / los pantalones

Talking about Possessions in Another Way

Study the pictures and sentences. What word is used to show ownership?

Es el suéter **de** Enrique.

Son los vestidos **de** Carmen.

Es el libro **del** alumno.

Son los libros **del** profesor.

Es la regla **de** la alumna.

Son las reglas **de** la profesora.

Study the following questions and answers:

Pregunta: ¿De quién es el libro?
Respuesta: Es de la alumna.

Pregunta: ¿De quién es el abrigo?
Respuesta: Es del alumno.

Pregunta: ¿De quién son los suéteres?
Respuesta: Son del señor Velásquez.

Did you spot the contraction? What happens to **de** and **el** when they are put together?

Now look at the following sentences:

La chaqueta es **del** hombre.   La chaqueta es **de él**.

Los cuadernos son **del** alumno.   Los cuadernos son **de él**.

Which word can be used in a contraction with **de—el** or **él**?

How many ways can you say that something belongs to someone else? Compare these two lists:

El libro es **de ella**.   Es **su** libro.

El libro es **de él**.   Es **su** libro.

El libro es **de usted**.   Es **su** libro.

¡Vamos a practicar!

A. Nora is very snoopy. She wants to know what people have.

Primero, lee la pregunta. Luego, contesta con la palabra o las palabras entre paréntesis. Sigue los modelos.

Modelo: ¿De quién es la chaqueta?

(el profesor)

Respuesta: Es del profesor.

Modelo: ¿De quién son los lápices?

(la señora Vargas)

Respuesta: Son de la señora Vargas.

1. ¿De quién es el vestido?
(Isabel)

2. ¿De quién es la camisa?
(el alumno)

3. ¿De quién es el cuaderno?
(la profesora)

4. ¿De quién son los suéteres?
(el señor Palmas)

5. ¿De quién son los bolígrafos?
(Héctor)

6. ¿De quién es el sombrero?
(el muchacho)

7. ¿De quién son las medias?
(la alumna)

8. ¿De quién es el escritorio?
(la señorita Jiménez)

9. ¿De quién son los zapatos?
(el profesor)

10. ¿De quién es el pupitre?
(la muchacha)

B. At the birthday party, everyone tossed their coats and hats in the bedroom. Now, Mr. Sánchez is trying to match the guests with their coats and hats.

Mira el dibujo. Contesta la pregunta. Sigue el modelo.

Modelo: ¿El abrigo verde es de Juan?

Respuesta: **Sí, es de él.**

1. ¿El sombrero grande es de Alicia?

2. ¿El abrigo rojo es de Bernardo?

3. ¿El abrigo largo es de Paula?

4. ¿El sombrero amarillo es de Raúl?

5. ¿El abrigo azul es de Alberto?

¡A conversar!

La tienda de ropa

SRA. OTEO: Buenas tardes, señorita. Busco una blusa y una falda.

VENDEDORA: En esta tienda hay blusas, faldas, chaquetas y pantalones. También hay zapatos muy bonitos.

SRA. OTEO: ¿De qué tamaños?

VENDEDORA: Hay ropa pequeña, mediana y grande.

SRA. OTEO: Esta blusa pequeña es muy bonita.

VENDEDORA: Sí, señora. Pero, a usted le va a quedar bien una blusa grande.

SRA. OTEO: No, no, no. Voy a comprar la blusa pequeña. También voy a comprar una falda mediana.

VENDEDORA: Una falda mediana le va a quedar muy mal, señora. Aquí está una falda grande.

SRA. OTEO: ¡Señorita! La falda no es para mí. Es para mi prima. ¡Y la blusa es para mi hija!

VENDEDORA: ¡Ay, perdón, señora!

Preguntas

1. ¿Qué busca la señora Oteo?
2. ¿Qué hay en la tienda de ropa?
3. ¿Cómo es la blusa?
4. ¿A la señora le va a quedar bien o mal una falda mediana?
5. ¿Quién va a llevar la falda? ¿Quién va a llevar la blusa?

¡Conversa tú!

1. ¿Te gusta comprar ropa? ¿Qué compras?
2. ¿Llevas ropa pequeña? ¿mediana? ¿grande?
3. ¿Te queda bien o mal la ropa grande?
4. ¿A veces compras ropa para tus hermanos?
5. ¿A veces compras ropa para tus papás?

Esta tienda está en España. ¿Qué hay en la tienda de ropa? ¿De qué color es la ropa?

¡A divertirnos!

Los actores Joaquín y Lolín

Mira los dos dibujos. ¿Qué falta en el dibujo número dos?

1.

2.

La cultura y tú

La ropa de otros países

In some areas of Hispanic countries, people still wear traditional clothing. For example, in a large city you can see people dressed in the latest styles next to people dressed in traditional styles.

En otros países la ropa tradicional es muy diferente de tu ropa. Muchas veces, la gente sólo lleva ropa tradicional en los días de fiesta. ¿Qué llevas tú en los días de fiesta?

Un grupo de mariachis lleva ropa de los charros.

El vestido blanco es un huipil de Guatemala. La muchacha también tiene un rebozo largo.

Este hombre es un gaucho de la Argentina. Lleva un poncho rojo.

13

Panorama de vocabulario

¿Cómo es el pelo? _____

rojizo

castaño

rubio

ondulado

rizado

lacio

¿Cómo son las personas?

baja

débil

delgado

alta

fuerte

grueso

¿Cómo eres tú?

generoso

atlética

inteligente

tímida

popular

impaciente

simpático

cómica

¡Aprende el vocabulario!

A. Imagine that you are showing school pictures to a friend.
Unfortunately, your friend has lost his glasses!

Mira los dibujos y contesta las preguntas. Sigue el modelo.

Modelo:

a. ¿Quién tiene el pelo lacio?

b. ¿Quién tiene el pelo rizado?

Respuesta:
a. **Pepe tiene el pelo lacio.**
b. **Guillermo tiene el pelo rizado.**

1.

a. ¿Quién tiene el pelo rojizo?
b. ¿Quién tiene el pelo castaño?

2.

a. ¿Quién tiene el pelo negro?
b. ¿Quién tiene el pelo rubio?

3.

a. ¿Quién tiene el pelo ondulado?

b. ¿Quién tiene el pelo lacio?

4.

a. ¿Quién tiene el pelo rizado?

b. ¿Quién tiene el pelo ondulado?

5.

a. ¿Quién tiene los ojos azules?

b. ¿Quién tiene los ojos castaños?

6.

a. ¿Quién tiene el pelo rizado y los ojos verdes?

b. ¿Quién tiene el pelo lacio y los ojos castaños?

B. Now you are showing your friend some pictures you took last summer.

Mira el dibujo y contesta la pregunta. Sigue el modelo.

Modelo:

¿Cómo es el señor Navarro?

Respuesta: El señor Navarro es fuerte.

1.

¿Cómo es Juanito?

3.

¿Cómo es Diana?

2.

¿Cómo es Catalina?

4.

¿Cómo es la señora Navarro?

C. Imagine that Miguel is your pen pal from Spain. He wants to know about the people in your neighborhood.

Mira el dibujo y contesta la pregunta. Sigue el modelo.

Modelo:

¿Cómo es Amalia?

Respuesta: **Amalia es tímida.**

1.

¿Cómo es Consuelo?

3.

¿Cómo es Jaime?

2.

¿Cómo es Donaldo?

4.

¿Cómo es Mónica?

D. Take a look around your classroom. Choose one of your classmates for your answer to each question.

Mira a tus compañeros de clase. Lee cada pregunta y contesta con el nombre de un compañero de clase. Sigue los modelos.

Modelo: ¿Quién tiene el pelo largo?
Respuesta: Pepita tiene el pelo largo.

Modelo: ¿Quién es alto?
Respuesta: Francisco es alto.

1. ¿Quién tiene el pelo castaño?
2. ¿Quién tiene los ojos azules?
3. ¿Quién es alto?
4. ¿Quién tiene los ojos castaños?
5. ¿Quién tiene el pelo lacio?
6. ¿Quién tiene el pelo rubio?
7. ¿Quién tiene el pelo rizado?
8. ¿Quién tiene los ojos verdes?
9. ¿Quién es bajo?
10. ¿Quién tiene el pelo negro?

E. Imagine that you are a writer for a popular magazine. Your job is to describe two famous people.

Primero, escoge a dos personas famosas. Luego, lee las preguntas. Por último, escribe las respuestas.

1. ¿Cómo se llama la persona?
2. ¿De qué color es el pelo?
3. ¿Cómo es el pelo?
4. ¿De qué color son los ojos?
5. ¿Cómo es la persona?

F. A friend is trying to tell you about some people he knows. Help him finish his descriptions. Be alert! You will not need every word. (Remember to change the ending if the word describes a girl!)

Lee las oraciones. Escoge la palabra o la frase que va con las oraciones. Completa la última oración de cada grupo. Sigue el modelo.

generoso	impaciente
atlético	popular
tímido	inteligente
cómico	simpático

Modelo: A Susana le gusta dar libros a sus amigos. Ella es ——.

Respuesta: **Ella es generosa.**

1. Enrique tiene muchos amigos. A las personas les gusta mucho Enrique. Él es ——.
2. Eva estudia siempre. También aprende mucho. Ella es ——.
3. Benito va ahora. Tiene mucha prisa. Él es ——.
4. Linda siempre practica los deportes. Es muy fuerte. Ella es ——.
5. Raúl es un buen amigo. Siempre tiene tiempo para escuchar. Él es ——.
6. Alejandro tiene miedo de nadar. También tiene miedo de hablar con las personas. Él es ——.

Los sonidos del idioma

Las consonantes: La **b** y la **v**

Escucha y repite.

baño	cabeza	vaca	uvas
beber	también	ventana	avenida
boca	abajo	voz	civil

1. Benito baila con Isabel en la biblioteca también.
2. Viviana va y vuelve por la avenida Victoria.
3. Víctor es bajo y Violeta es bonita.
4. El sábado la vaca va a volar sobre Bolivia.

Las muchachas son amigas. ¿Cómo es el pelo de cada amiga?

Talking about Yourself and Others

The verb **ser** is very important. You use it for telling time, for naming things, and for describing yourself and others.

Study the following pictures and sentences. Why do you think the verb **ser** is called an irregular verb? Do the endings change or does the whole word change?

Soy fuerte.

¡**Eres** fuerte!

Usted **es** muy fuerte.

Él **es** fuerte también.

Ella **es** fuerte también.

What word do you use to talk about yourself?

What word do you use to talk directly to your friend?

What word do you use to talk to an adult?

What word do you use to talk about a third person?

Pregunta:	¡Qué fuerte eres tú! ¿Practicas los deportes?
Respuesta:	Sí, practico los deportes.
Pregunta:	¿Eres delgada o gruesa?
Respuesta:	Soy delgada. Mi hermana es gruesa.
Pregunta:	Señor Molina, ¿es usted muy atlético?
Respuesta:	No, no soy muy atlético.
Pregunta:	¿Quién es tímido, Dolores o Augusto?
Respuesta:	Ella es tímida. Él es tímido también.
Pregunta:	¿De qué color es el pelo de Iris?
Respuesta:	Su pelo es rojizo.

You know another form of the verb **ser: son**. Is **son** used to talk about one thing or more than one thing? Study the following questions and answers:

Pregunta:	¿Qué hora es?
Respuesta:	**Son** las dos y media.
Pregunta:	¿Quiénes **son** altos?
Respuesta:	Daniel y Julio **son** altos.
Pregunta:	¿De qué color **son** los canarios?
Respuesta:	**Son** amarillos.
Pregunta:	¿De quién **son** los cuadernos?
Respuesta:	Los cuadernos **son** del alumno.

¡Vamos a practicar!

A. Cristóbal always has something to say about everyone. Unfortunately, he isn't always polite and gets himself into trouble!

Completa las oraciones con **eres, es** o **son**. Sigue el modelo.

Modelo: ¡Qué débil —— tú!

Respuesta: **¡Qué débil eres tú!**

1. Señora, ¡qué gruesa —— usted!
2. ¡Qué bajas —— Angela y Laura!
3. ¡Qué cómico —— Gregorio!
4. ¡Qué fuerte —— tú!
5. Señor, ¡qué débil —— usted!
6. ¡Qué inteligente —— tú!
7. ¡Qué alta —— Esperanza!
8. ¡Qué grueso —— Horacio!

B. Your pen pal from Peru wants to know more about you. Answer her questions.

Primero, lee la pregunta. Luego, escribe la respuesta. Sigue el modelo.

Modelo: ¿Eres alto? / ¿Eres alta?

Respuesta: **Sí, soy alto. [No, no soy alto.]**

Sí, soy alta. [No, no soy alta.]

1. ¿Eres un alumno bueno? / ¿Eres una alumna buena?
2. ¿Eres delgado? / ¿Eres delgada?
3. ¿Eres atlético? / ¿Eres atlética?
4. ¿Eres generoso? / ¿Eres generosa?

C. Imagine that you have a pen pal. Ask your pen pal some questions about him or herself.

Escribe diez preguntas. Primero, lee los ejemplos.

Modelo:
1. ¿Eres muy alto?
2. ¿Eres fuerte o débil?
3. ¿De qué color es tu pelo?
4. ¿De qué color son los ojos?
5. ¿Eres un alumno bueno?
6. ¿Eres popular?
7. ¿Eres generoso?
8. ¿Cómo es tu hermano?
9. ¿Es bonita tu hermana?
10. ¿Cómo son tus papás?

¿Cómo es el pelo de la muchacha? ¿Cómo es ella? ¿Es tímida? ¿Es simpática? ¿Es cómica?

Making Comparisons

Study the pictures and sentences. What words do you use to compare two people or two things?

Juan es alto.

César es **más** alto **que** Juan.

Emilia es delgada.

Carmen es **más** delgada **que** Emilia.

Mi gato es grande.

Tu gato es **menos** grande **que** mi gato.

Mi abrigo es largo.

Tu abrigo es **menos** largo **que** mi abrigo.

What words do you use to indicate more?

What words do you use to indicate less?

Practice reading the following questions and answers:

Pregunta: ¿Quién es más alto, tú o tu hermano?

Respuesta: Yo soy más alto que mi hermano. Mi hermano es menos alto que yo.

Pregunta: ¿Son bajos José y Tomás?

Respuesta: Sí, son bajos, pero Tomás es más bajo que José.

Pregunta: ¿Cuál es menos grande, tu casa o la casa de Teresa?

Respuesta: Mi casa es menos grande que la casa de ella.

Pregunta: ¿Cuál es más bonito, tu abrigo o tu chaqueta?

Respuesta: Mi chaqueta es más bonita que mi abrigo.

¡Vamos a practicar!

A. Imagine that you are at a family reunion. Unfortunately, your aunt cannot come. She has asked you to describe the family members.

Primero, lee la pregunta. Luego, mira el dibujo y contesta la pregunta. Usa **más . . . que** en tu respuesta. Sigue el modelo.

Modelo: ¿Es baja Inés?

Inés   Marta

Respuesta: Sí, es baja. Pero Marta es más baja que Inés.

1. ¿Es delgada Ema?

Anita   Ema

3. ¿Es alta Pilar?

Lupe   Pilar

2. ¿Es grueso Alfredo?

Luis   Alfredo

4. ¿Es bajo David?

Marcos   David

B. Your aunt wants to be sure she understands your descriptions. Look at the pictures in exercise A to answer her questions.

Primero, mira los dibujos. Luego, contesta las preguntas. Usa **menos . . . que** en tus respuestas. Sigue el modelo.

Modelo: Inés es más baja que Marta, ¿verdad?

Respuesta: No, Inés es menos baja que Marta.

1. Ema es más delgada que Anita, ¿verdad?

2. Alfredo es más grueso que Luis, ¿verdad?

3. Pilar es más alta que Lupe, ¿verdad?

4. David es más bajo que Marcos, ¿verdad?

C. You and a friend are talking about the people you know. You can't agree on anything!

Primero, lee la oración. Luego, escribe otra oración. Sigue el modelo.

Modelo: Guillermo es menos fuerte que Alberto.

Respuesta: **No, Guillermo es más fuerte que Alberto.**

1. El pelo de Mateo es más rizado que el pelo de Sara.
2. El pelo de Diana es más lacio que el pelo de Jaime.
3. El pelo de Ramón es menos corto que el pelo de Sonia.
4. Ricardo es más débil que Armando.
5. Celia es menos impaciente que Olga.
6. Francisco es menos alto que Benito.
7. Saúl es menos simpático que Adela.
8. Mauricio es más fuerte que Rebeca.

D. Imagine that you are taking a quiz in a magazine. How would you complete the sentences?

Primero, lee la oración. Luego, completa la oración con **más . . . que** o **menos . . . que** y la palabra entre paréntesis. Por último, escribe tu respuesta. Sigue el modelo.

Modelo: Mi escuela es —— el cine.   (grande)

Respuesta: **Mi escuela es más grande que el cine.**

[Mi escuela es menos grande que el cine.]

1. Mi cuaderno es —— mi libro.   (pequeño)
2. Mi camiseta es —— mi chaqueta.   (fea)
3. Mi casa es —— la escuela.   (grande)
4. Mis pantalones son —— mi pijama.   (largos)
5. Mi abrigo es —— mi impermeable.   (corto)
6. Mis lápices son —— mis bolígrafos.   (bonitos)

E. Describe the people and things around you. Choose an adjective and use it to compare two people or things. You may include yourself in the comparison.

Escribe tres oraciones con **más . . . que**. Escribe tres oraciones con **menos . . . que**. Primero, lee el modelo.

alto	fuerte	bajo	popular
grande	corto	pequeño	generoso
interesante	cómico	largo	impaciente
lacio	débil	bonito	tímido

Modelo:
1. Mi clase de ciencias es más interesante que mi clase de historia.
2. El pelo de mi papá es más corto que el pelo de mi mamá.
3. Soy más impaciente que mi hermanito.
4. Mi gato es menos grande que mi perro.
5. Mi amiga es menos alta que mi amigo.
6. Yo soy más cómico que mi hermana.

¡A conversar!

¡Qué modesta es Alicia! _____

ESTELA: ¡Qué fotografías tan bonitas! ¿De quiénes son las fotos?

ALICIA: Son de mis amigos. Este muchacho es Enrique. Él tiene el pelo rojizo y los ojos castaños.

ESTELA: ¿Y este muchacho tan alto?

ALICIA: Es Manuel. Es más alto y más delgado que Enrique. Tiene el pelo rubio, corto y muy rizado.

ESTELA: Y la muchacha, ¿es baja?

ALICIA: ¿Gertrudis? No, ella es alta y gruesa.

ESTELA: Y esta foto es de . . .

ALICIA: ¡Soy yo! Soy muy bonita, inteligente, simpática, generosa, . . .

ESTELA: ¡Y muy modesta!

Preguntas

1. ¿De quiénes son las fotos?
2. ¿Cómo es el pelo de Enrique?
3. ¿Quién es más alto, Enrique o Manuel?
4. ¿Cómo es Gertrudis?
5. ¿Cómo es Alicia?

¡Conversa tú! _____

1. ¿Cómo eres tú? ¿Eres alto o bajo?
2. ¿Cómo es tu pelo?
3. ¿De qué color son los ojos?
4. ¿Tienes un amigo más alto que tú?
5. ¿Eres modesto? ¿Cómo eres?

¿Cómo es el hombre? ¿Es fuerte o débil? ¿Es popular? ¿Es atlético?

¡A divertirnos!

Lolín y Joaquín en la casa de diversiones

Describe a Lolín y a Joaquín en la casa de
diversiones. ¿Cómo es Lolín? ¿Cómo es Joaquín?

La cultura y tú

¿Cómo son los amigos?

Everywhere in the world, people come in all shapes, sizes, and personalities. People in Hispanic countries are no exception. In spite of their differences, they love to make friends.

En estas fotos, los muchachos y las muchachas son amigos. ¿Cómo son estos amigos?

Estos amigos son de México. ¿Quién es más alto, el muchacho o las muchachas? ¿Cómo es el pelo del muchacho?

¿Son simpáticos los muchachos? ¿Cuál es más alto?

Estos amigos son de la Argentina. ¿Cómo es el pelo de cada amigo? ¿De qué color es el pelo?

Unidad

14

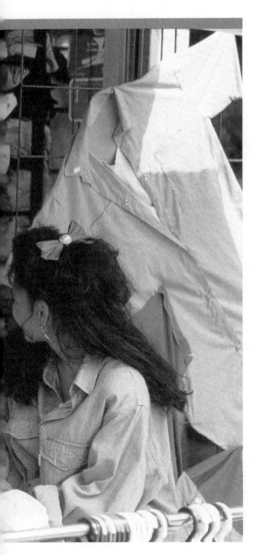

A. Una conversación entre amigos _____

ANA: ¿Adónde vas, Diego? Hace frío.

DIEGO: Voy a la tienda de ropa.

ANA: ¿Qué vas a comprar?

DIEGO: Voy a comprar una chaqueta negra, unas botas negras, un abrigo largo y un suéter grande.

ANA: ¿Por qué? ¿Te gusta el invierno?

DIEGO: No, no me gusta el invierno. Pero sí me gusta comprar ropa.

Preguntas

1. ¿Adónde va Diego?
2. ¿Qué tiempo hace?
3. ¿Qué va a comprar Diego?
4. ¿Cómo es la ropa?
5. ¿Qué le gusta a Diego, la ropa o el invierno?

¡Conversa tú! _____

1. ¿Te gusta el invierno? ¿Cuál estación te gusta más?
2. ¿Qué ropa llevas en el invierno?
3. ¿Qué ropa llevas en el verano?
4. ¿Te gusta comprar ropa?
5. ¿Qué te gusta comprar?

B. Almacenes Ruiz: Un cuestionario ────────────

Imagine that the managers of the clothing store, Almacenes Ruiz, want to know more about their customers. How would you answer their questionnaire?

ALMACENES RUIZ

Un cuestionario

Contesta las preguntas en una hoja de papel.

1. ¿Cómo te llamas?

2. ¿Cuántos años tienes?

3. ¿De qué color es el pelo?

4. ¿Cómo es el pelo? ¿Es largo o corto?

   ¿Es lacio, ondulado o rizado?

5. ¿De qué color son los ojos?

6. ¿Eres alto (alta) o bajo (baja)?

   ¿Eres delgado (delgada) o grueso (gruesa)?

7. ¿Cuál es tu color favorito?

Escoge una respuesta. Escribe la oración completa en una hoja de papel.

8. Me gusta más la ropa (del invierno, del verano, de la primavera, del otoño).

9. Me gusta mucho (ir al cine, practicar los deportes, leer, nadar, caminar).

10. Llevo ropa (grande, mediana, pequeña).

C. ¿De quién es la ropa? _____

It is wash day for the Sierra family. Sergio needs your help in sorting out the clothes.

Primero, mira el dibujo. Luego, contesta las preguntas.

Papá . Mamá . Pepita . Lucho . Abuelo . Rita . José

1.   ¿De quién son los pantalones grandes?
2.   ¿De quién es el suéter pequeño?
3.   ¿De quién son los calcetines grandes?
4.   ¿De quién son los pantalones pequeños?
5.   ¿De quién es la camisa mediana?
6.   ¿De quién es el vestido?
7.   ¿De quién son los calcetines pequeños?
8.   ¿De quién es la camisa pequeña?
9.   ¿De quién es el impermeable?
10.   ¿De quién es la camiseta pequeña?

CH. ¿Cómo me queda la ropa? _____

The Sierra family is getting ready to go to a party. There seems to have been a mix-up in the laundry because nothing fits well. How do you answer the family's questions?

Primero, lee la pregunta. Luego, contesta la pregunta. Usa las palabras entre paréntesis en tus respuestas. Sigue el modelo.

> **Modelo:**   Abuelo: ¿Cómo me queda la camisa?   (pequeño)
> **Respuesta:**   **Señor, la camisa le queda pequeña.**

1. Rita: ¿Cómo me queda la blusa?   (mal)
2. José: ¿Cómo me queda el sombrero?   (grande)
3. Papá: ¿Cómo me quedan los pantalones?   (largo)
4. Pepita: ¿Cómo me queda el vestido?   (largo)
5. Sergio: ¿Cómo me quedan las botas?   (mal)
6. Mamá: ¿Cómo me queda el suéter?   (pequeño)
7. Abuelo: ¿Cómo me queda el abrigo?   (corto)
8. Rita: ¿Cómo me queda la falda?   (largo)
9. Lucho: ¿Cómo me quedan los zapatos?   (grande)
10. Papá: ¿Cómo me queda la chaqueta?   (pequeño y corto)

¿Quién tiene el pelo más corto, el muchacho o la muchacha? ¿Quién es menos alto?

¿Quién es más alto, el muchacho o la muchacha? ¿Quién tiene el pelo más rizado?

D. Los hermanos Miraflores _____

Juan and Isabel Miraflores are twins, but they are complete opposites.

Primero, lee las oraciones sobre Juan. Luego, completa las oraciones sobre Isabel. Sigue el modelo.

> **Modelo:** Juan es alto. Isabel es ——.
> **Respuesta:** **Isabel es baja.**

1. Juan es débil. Isabel es ——.
2. Juan es grueso. Isabel es ——.
3. Juan tiene el pelo corto. Isabel tiene el pelo ——.
4. Juan siempre tiene frío. Isabel siempre tiene ——.
5. Juan tiene el pelo rubio. Isabel tiene el pelo ——.
6. A Juan le gusta el invierno. A Isabel le gusta ——.
7. Juan siempre tiene hambre. Isabel siempre tiene ——.
8. A Juan le gustan los gatos. A Isabel le gustan ——.
9. Juan lleva ropa grande. Isabel lleva ropa ——.
10. Juan escribe con un lápiz. Isabel escribe con ——.

E. Las actividades de los Miraflores _____

The Miraflores family likes to do many different things. Sometimes, members of the family have aches and pains because of the things they do every day.

Primero, mira el dibujo. Luego, contesta las preguntas. Sigue el modelo.

Modelo:

a. ¿Qué hace Isabel?

b. ¿Qué le duele?

Respuesta: a.   **Isabel usa la computadora.**

b.   **A ella le duelen los ojos.**

1.

a. ¿Qué hace el papá?

b. ¿Qué le duele?

2.

a. ¿Qué hace Juan?

b. ¿Qué le duele?

3.

a. ¿Qué hace la mamá?

b. ¿Qué le duele?

4.

a. ¿Qué hace el hermano?

b. ¿Qué le duele?

F. Un compañero tiene problemas _____

Esteban wrote his composition homework on note cards. On the way to school, he dropped the cards in the mud! Help him finish the last sentence of every paragraph.

Primero, lee las oraciones. Luego, lee las frases. Por último, escoge la letra de la frase que completa la última oración. Sigue el modelo.

Modelo: Sarita siempre tiene sueño a las dos de la tarde. Ella aprende las matemáticas a las dos. A ella no le gusta la clase. La clase . . .

    a. es muy interesante.

    b. es muy divertida.

    c. es muy aburrida.

Respuesta: **c.** **es muy aburrida.**

1. Julio tiene una carta de su amiga Elena. Le gusta leer las cartas de ella. Son muy divertidas. Mañana, Julio . . .

    a. va a estudiar su libro de historia.

    b. va a escribir una carta a su amiga.

    c. va a abrir la puerta.

2. Berta no tiene suerte. Berta va a ir a la casa de su amiga. A Berta no le gustan los animales. A la amiga le gustan mucho. La amiga . . .

    a. tiene cuarenta cuadernos rosados.

    b. tiene dos hermanas y un hermano.

    c. tiene tres gatos, siete loros y diez peces.

3. Simón no tiene hambre. A él le duele la cabeza. También tiene mucho calor. ¡Pobre Simón! Él . . .

    a. tiene la gripe.

    b. tiene miedo.

    c. tiene un examen.

4. El señor Silva es de la Florida. Él tiene una casa grande. Siempre hay muchas personas en la casa. Tiene su bisabuelo, sus papás, su hermano, sus cuatro hijas y sus cinco hijos. El señor Silva . . .

    a. tiene un gimnasio en la casa.

    b. tiene una familia pequeña.

    c. tiene una familia grande.

5. Es el otoño. Hace fresco. En el salón de clase hace mucho calor. La profesora tiene calor. También tiene sueño. Ahora, ella . . .

    a. abre los pupitres de los alumnos.

    b. abre su libro de geografía.

    c. abre las ventanas.

6. Judit no es atlética. Ella pinta y dibuja todo el día. Le gusta pintar mariposas de muchos colores. A Judit . . .

    a. le duelen las piernas.

    b. le gusta la clase de arte.

    c. le quedan bien las botas rojas.

Rafael tiene una familia pequeña.
Vive con su mamá y su papá.
Rafael tiene . . .

a. tres hermanas.

b. tres zapatos.

c. tres hermanos.

G. Un álbum de fotografías

Señora Márquez met many people during her travels in the United States and in Spanish-speaking countries. She has brought back some pictures of the friends she made, and she would like to share them with you.

Mira las fotos y lee las oraciones. ¿Cómo son las personas?

Me llamo Anita. Soy de Belice. No voy a la escuela. Tengo tres años. Tengo un hermano y tres hermanas.

Me llamo Eddy. Soy de Texas. Tengo trece años. Me gustan mucho los deportes. Soy muy atlético. Practico los deportes todos los días.

Me llamo Livia. Soy de Colombia. Tengo quince años. Me gusta mucho la clase de inglés. La clase es difícil porque a veces no comprendo las preguntas. Estudio mucho en la escuela y leo libros en inglés en mi casa.

Buenos días. Me llamo Aurora Hernández de García. Tengo sesenta y dos años. Soy de Puerto Rico, pero vivo en Michigan. Me gusta mucho bailar, pero a veces me duelen los pies. También me gusta la música. ¡Con la música, nunca me duelen las orejas!

¡Hola! Me llamo Jorge Luis. Soy de Venezuela. Tengo doce años. Soy un poco tímido. A mí me gusta leer y me gusta escribir. Un día voy a escribir un libro fantástico.

Soy Rodolfo y vivo en Bolivia. No me gusta ir a la escuela. Es muy aburrida y la profesora es muy impaciente. Siempre soy muy cómico. Tengo muchos amigos pero no tengo amigas. No me gustan las muchachas ... ¡Ah! Tengo cinco años.

H. Otra conversación entre amigos

OCTAVIO: ¿Qué tal tu familia, Susana?

SUSANA: No muy bien, Octavio. A mi hermano José le duelen las piernas.

OCTAVIO: ¿Por qué?

SUSANA: Él siempre practica los deportes. A mi hermanito Toni le duelen los hombros.

OCTAVIO: ¿Por qué?

SUSANA: Él nada mucho. Y a mi hermanito Miguel le duelen los pies.

OCTAVIO: ¿Por qué le duelen los pies?

SUSANA: Él patina mucho. ¡Y a mí me duele la cabeza!

OCTAVIO: ¿Por qué te duele la cabeza? ¿Lees muchos libros?

SUSANA: No. Me duele la cabeza porque tengo muchos hermanos.

Preguntas

1. ¿Cómo está la familia de Susana?
2. ¿Por qué le duelen las piernas a José?
3. ¿Por qué le duelen los hombros a Toni?
4. ¿Por qué le duelen los pies a Miguel?
5. ¿Lee muchos libros Susana?
6. ¿Por qué le duele la cabeza a Susana?

I.   Expresa tus ideas _____

How observant are you? Look carefully at each photo. Choose the one you like best and write or say as much as you can about it. Use your imagination. You can even make up names for the people in the picture.

Escoge una fotografía. Escribe unas oraciones sobre la foto o habla de la foto.

1.

4.

2.

5.

3.

6.

J. En el correo

A letter has arrived for you from Jorge Pinos in Mexico. He has sent you some pictures of himself and his family. (Try to guess the meaning of words you do not understand.)

Primero, lee la carta. Luego, contesta las preguntas.

21 de mayo

Querido amigo o querida amiga,

    Muchos saludos desde México. Me llamo Jorge Pinos Morales. Tengo catorce años. Tengo una familia grande. ¿Cómo es tu familia?

    Por favor, mira la primera fotografía. En la foto yo estoy en la clase de ciencias. Llevo una chaqueta blanca y una camisa azul. La chaqueta me queda un poco grande. ¿Qué llevas tú en la clase de ciencias? ¿También llevas una chaqueta blanca?

    Ahora, mira la segunda foto. La señora es mi mamá. Se llama Patricia. El niño es mi hermanito Pepito. Él tiene tres años. ¿Tienes tú un hermanito o una hermanita? ¿Cómo se llama? ¿Cuántos años tiene?

Y ahora mira la última foto. El muchacho de la chaqueta rosada es mi primo Víctor. Él tiene catorce años. El otro muchacho es mi primo Guillermo. Él lleva la ropa azul. Tiene diez y seis años. La muchacha bonita es mi hermana Esmeralda. A ella le gusta el color rosado. Es su color favorito. Ella tiene diez y seis años también.

¿Tienes tú muchos primos? ¿Cuántos años tiene tu primo? ¿Cuántos años tiene tu prima? ¿A tu primo qué le gusta llevar? ¿Qué le gusta llevar a tu prima? ¿Tienes una hermana? ¿Tienes un hermano? ¿Cómo se llama? ¿Cuál es su color favorito?

Ahorita voy a estudiar. Mañana tengo un examen en la clase de ciencias. Los exámenes del señor Gutiérrez siempre son muy difíciles. ¿Cómo es tu clase de ciencias? ¿Es fácil o es difícil? ¿Estudias mucho?

Por favor, escríbeme una carta muy pronto.

Atentamente,

Jorge

K. Un día con Roberto

A local newspaper is doing a story about how young people spend their time. One Friday, reporters followed Roberto Luna and recorded his activities during the day.

Primero, mira los dibujos. Luego, contesta las preguntas. Sigue el modelo.

Modelo: ¿Qué hace Roberto a las cuatro y cinco de la tarde?
Respuesta: **Estudia y escribe en la casa.**

1. ¿A qué hora lee en la biblioteca?

2. ¿Cuándo va a la escuela?

3. ¿Qué hace Roberto a las nueve y cuarto?

4. ¿Qué hace Roberto a las seis y veinte?

5. ¿A qué hora va a su casa?

6. ¿A qué hora es su clase de ciencias?

7. ¿Cuándo estudia las matemáticas?

8. ¿A qué hora estudia en la casa?

L. En tus palabras _____

Imagine that reporters are interviewing you for an article in the newspaper. They want to know how you spend your time. They also want to know what you like or don't like.

Primero, lee las preguntas. Luego, contesta las preguntas.

1. ¿Cuánto tiempo estudias cada día?

2. ¿Cuánto tiempo lees cada día?

3. ¿Cuánto tiempo escribes cada día?

4. ¿A qué hora vas a la escuela?

5. ¿A qué hora vas a tu casa por la tarde?

6. ¿Cuándo practicas los deportes?

7. ¿Cuántas clases tienes? ¿Aprendes mucho en las clases?

8. ¿Cuál es tu clase favorita?

9. ¿Cómo es tu clase favorita?

10. ¿Siempre comprendes las preguntas en tu clase favorita?

11. ¿Cuál es más difícil, la clase de salud o la clase de matemáticas?

12. ¿Cuál es más interesante, la clase de historia o la clase de ciencias?

13. ¿Cuál es la clase más fantástica de todas tus clases?

14. ¿Qué te gusta hacer—nadar, patinar o practicar los deportes?

15. ¿Qué te gusta hacer, ir al cine o ir a la escuela?

16. ¿Vas a ir a la escuela en el verano?

17. ¿A qué hora estudias en tu casa?

18. ¿Cuánto tiempo lees en tu casa?

19. ¿Te gusta más el mediodía o la medianoche?

20. ¿Te gusta más la salida del sol o la puesta del sol?

LL. Otra carta en el correo

A letter has arrived in the mail from a student in Puerto Rico. You may not understand every word in the letter, but try to guess the meaning from context.

Primero, lee la carta. Luego, contesta las preguntas.

---

17 de junio

Querido amigo o querida amiga,

Me llamo Ana Suárez Rivera. Vivo en Caguas, Puerto Rico. Estudio en la Escuela Selle Solá. Tengo clases de inglés, ciencias y literatura. Me gusta la clase de inglés, pero la clase de ciencias es más divertida. Aprendo mucho sobre los animales en la clase. ¿Cómo se llama tu escuela? ¿Qué estudias? ¿Cuál es tu clase favorita? ¿Por qué?

No tengo una familia típica. Vivo en un apartamento pequeño con mi papá y mi madrastra. No tengo hermanos ni hermanas. Mi abuelita vive en el apartamento también. Ella es muy simpática.

Mi mamá es de Orlando en la Florida. En julio, voy a ir a la casa de mi mamá. ¡También voy a ir a Walt Disney World!

¿Cómo es tu familia? ¿De dónde eres tú? ¿Dónde vive tu abuela o tu abuelo? ¿Qué vas a hacer tú en julio?

Voy a describir cómo soy yo porque no tengo una foto. Soy alta. Soy más alta que mis amigas, pero soy menos alta que mi papá. Tengo los ojos castaños y el pelo castaño. Mi pelo es rizado y corto. No me queda bien el pelo largo. ¿Cómo eres tú? ¿Qué te queda bien, el pelo corto o el pelo largo?

Tengo una amiga muy simpática y generosa. Ella se llama María Dolores del Prado. Voy a su casa todos los días. ¿Cómo es tu amiga o tu amigo? ¿Cuándo vas a su casa?

Esta noche voy a estudiar dos horas. ¡Y ahora son las ocho!

Tu amiga,

Ana

M.   Ahora . . . ¡tú!

Read the following descriptions. With a partner, choose a pair of people you would like to be. Make up a conversation between those two people.

Primero, escoge a un compañero. Luego, escoge dos personas de la lista. Por último, presenta una conversación entre las dos personas.

1. **a.** Doña Josefa: Es una bisabuela. Tiene setenta años. Tiene una familia muy grande.

    b. Alejandro: Es un alumno. Tiene trece años. Tiene una familia muy pequeña.

2. **a.** Ernestina: Tiene once años. Siempre lleva ropa muy fea.

    b. Hortensia: Tiene once años también. Siempre lleva ropa muy grande.

3. **a.** Don Gustavo: Es un abuelo. Siempre tiene muchos dolores.

    b. Don Rodolfo: Es el amigo de don Gustavo. Nunca tiene dolor.

4. **a.** Julio: Es un alumno. No le gusta comprar ropa.

    b. Diana: Es una alumna. A ella le gusta mucho comprar ropa.

5. **a.** Mamá: A ella le duele mucho la cabeza.

    b. Paquito: Tiene tres años. Siempre hace muchas preguntas.

Appendix

Nombres femeninos

Adela, Adelita Adele
Adriana
    Adrian, Adrienne
Alberta Alberta
Alejandra Alexandra
Alicia Alice
Amalia Amelia
Ana Ann, Anne
Andrea Andrea
Ángela Angela
Anita Anita
Antonia Antonia

Bárbara Barbara
Beatriz Beatrice
Berta Bertha
Blanca Blanche

Carla Carla, Karla
Carlota Charlotte
Carmen Carmen
Carolina Caroline
Catalina Kathleen
Catarina
    Catherine, Kathryn
Cecilia Cecile
Clara Clara, Claire
Claudia Claudia
Constancia Constance
Consuelo Connie
Corina Corinne
Cristina Christine

Débora Deborah
Diana Diana, Diane
Dolores Dolores

Elena
    Ellen, Elaine, Helen
Elisa Lisa, Elise
Elsa Elsa
Ema Emma
Emilia Emily
Esperanza Hope
Estela Estelle, Stella
Ester Esther
Eugenia Eugenia
Eva Eve, Eva

Francisca Frances

Gloria Gloria
Graciela Grace

Inés Agnes, Inez
Irene, Irena Irene
Isabel Isabel, Elizabeth

Josefa
    Josephine, Josie
Josefina
    Josephine, Josie
Juana
    Jane, Jean, Joan
Judit Judith, Judy
Julia Julia

Laura Laura
Leonor Eleanor
Lidia Lydia
Linda Linda
Lola Lola
Lucía Lucy
Lucinda Lucinda, Lucy
Luisa Louise, Lois

Margarita
    Margaret, Marguerite
María
    Mary, Maria, Marie
Mariana Mary Ann
Marta Martha
Matilde Matilda
Mercedes Mercedes
Mónica Monica

Nora Nora

Olga Olga

Patricia Patricia
Paula Paula

Raquel Rachel
Rebeca Rebecca
Roberta Roberta
Rosa Rose
Rosalía Rosalie

Sara Sara, Sarah
Silvia Sylvia
Sofía Sophie
Sonia Sonia
Susana
    Susan, Suzanne

Teresa Theresa
Tania Tanya, Tania
Tonia Toni

Verónica Veronica
Victoria Victoria
Violeta Violet
Virginia Virginia

Nombres masculinos

Abrahán Abraham
Adán Adam
Agustín Augustin
Alberto Albert
Alejandro Alexander
Alfredo Alfred
Andrés Andrew
Ángel Angel
Antonio Anthony
Arnaldo Arnold
Arturo Arthur

Benjamín, Benito
  Benjamin
Bernardo Bernard

Carlos Charles
Claudio Claude
Cristiano Christian

Daniel Daniel
Darío Darryl
David David
Diego James
Domingo Dominick
Donaldo Donald

Edmundo Edmund
Eduardo Edward
Emilio Emil
Enrique Henry
Ernesto Ernest
Esteban
  Stephen, Steven
Eugenio Eugene

Fabián Fabian
Federico Frederick
Felipe Phillip
Francisco Francis

Gabriel Gabriel
Gerardo Gerard
Gilberto Gilbert
Gregorio Gregory
Guillermo William
Gustavo Gustaf, Gus

Heriberto, Herberto
  Herbert
Hugo Hugo

Jaime James
Javier Xavier
Jeremías Jeremy
Jorge George
José Joseph
Josué Joshua
Juan John
Juanito Jack, Johnny
Julio Julius, Jules

León Leo, Leon
Leonardo Leonard
Lionel Lionel
Lorenzo Lawrence
Luis Louis

Manuel
  Manuel, Emmanuel
Marcos Mark
Mario Mario
Martín Martin
Mateo Matthew, Matt
Mauricio Maurice
Miguel Michael, Mike

Natán Nathan
Nicolás Nicholas

Óscar Oscar

Pablo Paul
Paco, Pancho Frank
Patricio Patrick
Pedro Peter
Pepe Joey, Joe

Rafael Ralph
Raimundo Raymond
Ramón Raymond
Raúl Raoul
Ricardo Richard, Rick
Roberto Robert
Rodolfo Rudolph
Rogelio Roger
Rolando Roland
Rubén Ruben

Samuel Samuel
Saúl Saul
Simón Simon

Timoteo Timothy
Tomás Thomas, Tom

Vicente Vincent
Víctor Victor
Virgilio Virgil

Los números

0	cero	34	treinta y cuatro	68	sesenta y ocho
1	uno	35	treinta y cinco	69	sesenta y nueve
2	dos	36	treinta y seis	70	setenta
3	tres	37	treinta y siete	71	setenta y uno
4	cuatro	38	treinta y ocho	72	setenta y dos
5	cinco	39	treinta y nueve	73	setenta y tres
6	seis	40	cuarenta	74	setenta y cuatro
7	siete	41	cuarenta y uno	75	setenta y cinco
8	ocho	42	cuarenta y dos	76	setenta y seis
9	nueve	43	cuarenta y tres	77	setenta y siete
10	diez	44	cuarenta y cuatro	78	setenta y ocho
11	once	45	cuarenta y cinco	79	setenta y nueve
12	doce	46	cuarenta y seis	80	ochenta
13	trece	47	cuarenta y siete	81	ochenta y uno
14	catorce	48	cuarenta y ocho	82	ochenta y dos
15	quince	49	cuarenta y nueve	83	ochenta y tres
16	diez y seis	50	cincuenta	84	ochenta y cuatro
17	diez y siete	51	cincuenta y uno	85	ochenta y cinco
18	diez y ocho	52	cincuenta y dos	86	ochenta y seis
19	diez y nueve	53	cincuenta y tres	87	ochenta y siete
20	veinte	54	cincuenta y cuatro	88	ochenta y ocho
21	veinte y uno	55	cincuenta y cinco	89	ochenta y nueve
22	veinte y dos	56	cincuenta y seis	90	noventa
23	veinte y tres	57	cincuenta y siete	91	noventa y uno
24	veinte y cuatro	58	cincuenta y ocho	92	noventa y dos
25	veinte y cinco	59	cincuenta y nueve	93	noventa y tres
26	veinte y seis	60	sesenta	94	noventa y cuatro
27	veinte y siete	61	sesenta y uno	95	noventa y cinco
28	veinte y ocho	62	sesenta y dos	96	noventa y seis
29	veinte y nueve	63	sesenta y tres	97	noventa y siete
30	treinta	64	sesenta y cuatro	98	noventa y ocho
31	treinta y uno	65	sesenta y cinco	99	noventa y nueve
32	treinta y dos	66	sesenta y seis	100	cien
33	treinta y tres	67	sesenta y siete		

Glossary
Spanish—English

The Spanish-English Glossary contains the vocabulary words you learn in each unit, as well as the other words that appear in your readings. When a definition is followed by a number, the number stands for the unit in which it is taught. For the first three lessons, the following codes are used: (PL) Primera lección, (SL) Segunda lección, (TL) Tercera lección.

Some entries—that is, words and definitions—have abbreviations in them to help you learn more about the words. A complete list of the abbreviations follows this introduction.

Some nouns are not regular and you need extra information about them. For example:

ratón, el (*m., pl.:* **ratones**)   mouse

The information in parentheses tells you that **ratón** is a masculine word (*m.*) and that when you talk about more than one mouse (*pl.*, the plural form), you add **-es** to the end and you drop the accent mark.

Descriptive words, or adjectives, are given in the masculine singular form and are followed by the feminine singular ending in parentheses:

bajo (-a)   short

Sometimes you will find words that are used in only one form in the textbook, such as commands in the exercise instructions. These words have abbreviations that will help you learn more about them:

sigue (*com.; inf.:* **seguir**)   follow

The abbreviations tell you that **sigue** is a command form (*com.*) and it comes from the infinitive (*inf.*) of the verb **seguir**.

Abbreviations

adj.	adjective		*inf.*	infinitive
adv.	adverb		*m.*	masculine
com.	command		*pl.*	plural
f.	feminine		*s.*	singular

a

a   to   (3); at   (5)
  a casa   home   (3)
  a la casa de (Ana)   to (Ana)'s house
  a la una   at one o'clock   (8)
  a las (ocho)   at (eight) o'clock   (8)
  ¿A qué hora . . .?   (At) What time . . .?   (8)
  a veces   sometimes   (5)
abajo   down
abierto (-a)   open
abrigo, el   coat   (12)
abril   April   (6)
abrir   to open   (9)
abuela, la   grandmother   (10)
abuelo, el   grandfather   (10)
abuelos, los   grandparents   (10)
aburrido (-a)   boring   (9)
actividad, la   activity
actor, el   actor
¡Adiós!   Good-by!   (PL)
¿adónde?   (to) where?   (3)
  ¿Adónde vas?   Where are you going?   (3)
agosto   August   (6)

¡ah!   ah! oh!
ahora   now
  ¡Ahora mismo!   Right now!
  ahorita   right now, at this very moment
al (a + el)   to the   (6)
álbum, el   (*pl.*: **álbums** *or* **álbumes**)   album
alemán, el   German (language)
almacén, el   (*m.*, *pl.*: **almacenes**) department store
almuerzo, el   lunch
alto (-a)   tall   (13)
alumna, la   (female) student, pupil (SL)
alumno, el   (male) student, pupil (SL)
amarillo (-a)   yellow   (2)
amiga, la   (female) friend   (1)
amigo, el   (male) friend   (1)
anaranjado (-a)   orange (color) (2)
animal, el   animal   (2)
año, el   year   (6)
  ¿Cuántos años tienes?   How old are you?   (7)
  Tengo (trece) años.   I am (thirteen) years old.   (7)

apartamento, el   apartment

aprende   (*com.; inf.:* **aprender**)
learn
   ¡Aprende el vocabulario!   Learn
   the Vocabulary!

aprender   to learn   (9)

apropiado (-a)   appropriate

aquí   here

arte, el   art   (4)

así, así   so-so   (PL)

¡Atención!   Attention!

atentamente   attentively, "yours
truly"

atlético (-a)   athletic   (13)

ave, el (*m.*)   bird

avenida, la   avenue

aventura, la   adventure

¡ay!   oh!   (PL); ouch!

azul   blue   (2)

b

bailar   to dance   (6)

bajo (-a)   short   (13)

bambuco, el   a folk dance of
Colombia

bandera, la   flag   (1)

baño, el   bath
   el traje de baño   bathing suit,
   swimsuit   (12)

bata, la   robe, bathrobe   (12)

beber   to drink

béisbol, el   baseball

biblioteca, la   library   (4)

bicicleta, la   bicycle

bien   well, fine
   Estoy bien.   I'm fine.   (PL)
   muy bien   very good
   te queda bien   (it) fits you well; (it)
   looks good on you   (12)

bisabuela, la   great-grandmother
(10)

bisabuelo, el   great-grandfather
(10)

bisabuelos, los   great-
grandparents   (10)

blanco (-a)   white   (2)

blusa, la   blouse   (12)

boca, la   mouth   (11)

bolígrafo, el   ballpoint pen   (1)

bonito (-a)   pretty   (12)

borrador, el   chalk eraser   (1);
eraser

bota, la   boot   (12)

boxeo, el   boxing

brazo, el   arm   (11)

buen   good (before a *m. s.* noun)
   Hace buen tiempo.   The weather is
   good.   (5)

bueno (-a)   good
   buena suerte   good luck
   Buenas noches.   Good evening.
   Good night.   (PL)
   Buenas tardes.   Hello. Good
   afternoon.   (PL)
   Buenos días.   Hello. Good
   morning.   (PL)

busca   (*com.; inf.:* **buscar**)   look
for

buscar   to look (for)

C

caballo de aros, el   horse, vault (gymnastics)

cabeza, la   head (11)
  un dolor de cabeza   headache

cachorro, el   puppy, cub

cada   each

calcetines, los (*m., s.:* **calcetín**) socks (12)

calendario, el   calendar (3)

calor, el   heat
  Hace calor.   It's hot. (weather) (5)
  Tengo calor.   I'm hot. (7)

cambia (*com.; inf.:* **cambiar**) change

cambiar   to change

caminar   to walk (6)

camisa, la   shirt (12)

camiseta, la   T-shirt (12)

canario, el   canary (2)

canción, la (*pl.:* **canciones**)   song

cantar   to sing (4)

cara, la   face (11)

cariño, el   affection
  con cariño   affectionately yours, "yours truly"

carrera, la   race

carta, la   (postal) letter

casa, la   house, home (3)
  a casa   home (3)
  la casa de diversiones   funhouse

castaño (-a)   brown (hair and eyes) (13)

castellano, el   Spanish (language)

ceja, la   eyebrow (11)

celebrar   to celebrate
  ¡A celebrar!   Let's celebrate!
  para celebrar   (in order) to celebrate

cereza, la   cherry

cerrado (-a)   closed

cesta, la   wastebasket (1)

ciencias, las   science (9)

cine, el   movie theater (3)
  al cine   to the movies (3)

cintura, la   waist (11)

círculo, el   circle (1)

cita, la   appointment

civil   civil

claro   clearly
  ¡Claro que no!   Of course not!
  ¡Claro que sí!   Of course!

claro (-a)   light (color) (2)

clase, la (*f.*)   class (4)
  el salón de clase   classroom (1)

clima, el (*m.*)   climate

coche, el (*m.*)   car

codo, el   elbow (11)

color, el   color (2)
  ¿De qué color . . . ?   What color . . . ? (2)
  ¿Qué color es éste?   What color is this (one)? (2)

come (*inf.:* **comer**)   (he, she) eats

comer   to eat

cómico (-a)   funny, comical (13)

comida, la   food

¿cómo?   how? (PL); what? (PL)
  ¿Cómo es . . . ?   What does . . . look like? What is . . . like? (2)
  ¿Cómo estás?   How are you? (PL)
  ¿Cómo te llamas . . . ?   What is your name? (PL)

cómo   what
  describir cómo soy   to describe what I am like

compañera, la   (female) companion, partner
  una compañera de clase   a classmate

compañero, el   (male) companion, partner
  un compañero de clase   a classmate
compara   (*com.; inf.:* **comparar**) compare
comparar   to compare
completa   (*com.; inf.:* **completar**) complete, finish
completar   to complete, to finish
completo (-a)   complete
  en oraciones completas   in complete sentences
comprar   to buy   (12)
comprender   to understand   (9)
computadora, la   computer   (SL)
  la clase de computadoras computer class, lab   (4)
  usar la computadora   to use the computer   (4)
con   with
conejo, el   rabbit   (2)
confusión, la   confusion
  ¡Qué confusión!   What confusion!
conquista, la   conquest
consonante, la   consonant
contar   to tell (a story); to count
contesta   (*com.; inf.:* **contestar**) answer
contestar   to answer
conversación, la   (*pl.:* **conversaciones**)   conversation
¡Corre!   (*com.; inf.:* **correr**)   Run!
correcto (-a)   correct
corren   (*inf.:* **correr**)   (they) run
correo, el   mail
correr   to run
corto (-a)   short   (2)
cuaderno, el   notebook   (1)

cuadrado, el   square   (1)
¿cuál?   (*pl.:* **¿cuáles?**)
  what?   (TL); which (one)?   (5)
  ¿Cuál te gusta?   Which one do you like?   (5)
¿cuándo?   when?   (3)
¿cuánta? ¿cuánto?   how much?   (8)
  ¿Cuánto tiempo hay?   How much time is there?   (8)
¿cuántas? ¿cuántos?   how many?   (TL)
  ¿Cuántos . . . hay?   How many . . . are there?   (1)
  ¿Cuántos son . . . más . . .?   What is . . . plus . . .?   (TL)
cuarto, el   quarter   (8)
  un cuarto de hora   a quarter of an hour   (8)
  una hora y cuarto   an hour and a quarter   (8)
cuello, el   neck   (11)
cuenta   (*inf.:* **contar**)   (he, she) tells (stories)
cuerpo, el   body   (11)
cuestionario, el   questionnaire
cultura, la   culture
  La cultura y tú   Culture and You
cumpleaños, el   birthday   (6)
  ¿Cuál es la fecha de tu cumpleaños?   When is your birthday?   (6)

ch

chancla, la   old shoe, slipper
chancleta, la   slipper
chaqueta, la   jacket   (12)
charro, el   Mexican cowboy

cheque, el   check
chimenea, la   chimney
China, la   China
chiste, el   joke
chorro, el   spurt, stream (of water)
churro, el   churro (doughnut-like fritter)

d

da   (*inf.:* **dar**)   (he, she) gives
dame   (*com.; inf.:* **dar**)   give me
dar   to give
de   from; in   (8); of   (12)
  de la mañana   in the morning, a.m.   (8)
  de la noche   in the evening, at night, p.m.   (8)
  de la tarde   in the afternoon, p.m.   (8)
  ¿De qué color . . .?   What color . . .? (2)
  ¿De quién . . .?   Whose . . .?   (10)
  ¿de veras?   really?
  Soy de . . .   I'm from . . .
débil   weak   (13)
decir   to say
dedo, el   finger   (11)
del (de + el)   from; of the   (12)
delgado (-a)   thin   (13)
deme   (*com.; inf.:* **dar**)   give me
democrático (-a)   democratic
dentista, el *or* **la**   dentist
deportes, los   sports   (4)
describe   (*com.; inf.:* **describir**)   describe
describir   to describe

desde   from, since
desfile, el   (*m.*)   parade
despedida, la   farewell   (PL)
día, el   (*m.*)   day   (3)
  Buenos días.   Good morning.   (PL)
  el día de fiesta   holiday
  todos los días   every day
  un día   some day
dibuja   (*com.; inf.:* **dibujar**)   draw
dibujar   to draw
dibujo, el   drawing, picture
dice   (*inf.:* **decir**)   (he, she) says
dicen   (*inf.:* **decir**)   (they) say
diciembre   December   (6)
dientes, los   teeth   (11)
diferente   (*adj.*)   different
difícil   difficult   (9)
dime   (*com.; inf.:* **decir**)   tell me
dinero, el   money
dinosaurio, el   dinosaur
disco, el   record
disculpar   to excuse, to pardon
disculpe   (*com.; inf.:* **disculpar**)   excuse me, pardon me
diversión, la   (*pl.:* **diversiones**)   entertainment, amusement
  la casa de diversiones   funhouse
divertido (-a)   fun, amusing, entertaining   (9)
divertirse   to have fun
  ¡A divertirnos!   Let's Have Fun!
documental, el   (*m.*)   documentary
doler   to hurt, to ache   (11)
  ¿Le duele (la cabeza)?   Does his (her, your) (head) hurt?   (11)
  ¿Le duelen (los pies)?   Do his (her, your) (feet) hurt?   (11)
  Me duele (la cabeza).   My (head) hurts.   (11)

Me duelen (los pies).   My (feet) hurt.   (11)

¿Te duele (la cabeza)?   Does your (head) hurt?   (11)

¿Te duelen (los pies)?   Do your (feet) hurt?   (11)

dolor, el   pain   (7)

Tengo dolor.   I'm in pain. I hurt.   (7)

un dolor de cabeza   headache

domingo   Sunday   (3)

los domingos   on Sundays   (3)

don   Don (title of respect for an older man, as in *don Eduardo*)

¿dónde?   where?

¿Dónde vives tú?   Where do you live?

doña   Doña (title of respect for an older woman, as in *doña Anita*)

duele; duelen   (See **doler.**)

dulce   (*adj.*)   sweet

durante   during

durante la semana   during the week

---

e

ecuador, el   equator

echar   to give off

educación física, la   physical education   (9)

¿eh?   eh? huh?

ejemplo, el   example

el   the   (PL, 1)

Voy al cine el sábado.   I'm going to the movies on Saturday.   (3)

él   he   (6)

ella   she   (6)

en   in, on; at

en punto   on the dot, sharp (time)   (8)

encantado (-a)   delighted, enchanted

enero   January   (6)

enseña   (*inf.:* **enseñar**)   (he, she) shows

enseñar   to show

entre   between, among

entre paréntesis   in parentheses

equipo, el   team

eres   (See **ser.**)

es   (See **ser.**)

escoge   (*com.; inf.:* **escoger**) choose, select

escoger   to choose, to select

escolar   (*adj.*)   school

escribe   (*com.; inf.:* **escribir**) write

escríbeme una carta   write me a letter

escribir   to write   (9)

escritorio, el   teacher's desk   (SL); desk

escucha   (*com.; inf.:* **escuchar**) listen

escuchar   to listen

escuela, la   school   (3)

la escuela secundaria   high school

espacio, el   space

espalda, la   back   (11)

español, el   Spanish (language)   (9)

español (-a)   (*adj.*)   Spanish

especial, el   (*m.*)   special (sale or program)

especial   (*adj.*)   special

esta   this

ésta   this (one)

estación, la   season   (5)
Estados Unidos, los   United States
están   (*inf.:* **estar**)   (they) are
estar   to be
estas   these
estás   (*inf.:* **estar**)   you are
  ¿Cómo estás?   How are you?
este   this
éste   this (one)
  ¿Qué color es éste?   What color is this (one)?   (2)
esto   this
  ¿Qué es esto?   What is this?   (SL)
estos   these
  ¿Qué son estos?   What are these?   (SL)
estoy   (*inf.:* **estar**)   I am
  Estoy bien (así, así; mal).   I am fine (so-so; not well). (PL)
estrecho (-a)   narrow
estudiar   to study   (4)
estudios, los   studies
examen, el   (*m., pl.:* **exámenes**)   test, exam
expresa   (*com.; inf.:* **expresar**)   express
expresar   to express
extraño (-a)   strange

f

fácil   easy   (9)
falda, la   skirt   (12)
falta   (*inf.:* **faltar**)   (it) is missing
  ¿Qué falta?   What is missing?
familia, la   family   (10)

famoso (-a)   famous
fantástico (-a)   fantastic   (9)
favor, el   favor
  por favor   please
favorito (-a)   favorite   (2)
  ¿Cuál es tu animal favorito?   What is your favorite animal?   (2)
febrero   February   (6)
fecha, la   date   (6)
feliz   (*adj.; pl.:* **felices**)   happy
  ¡Feliz cumpleaños!   Happy birthday!
feo (-a)   ugly   (12)
fiesta, la   party, celebration
  un día de fiesta   holiday
fin de semana, el   (*pl.:* **fines de semana**)   weekend   (3)
fino (-a)   fine
flamenco, el   flamingo   (2); flamenco (dance of Spain)
flor, la   (*f.*)   flower
forma, la   form
  la forma apropiada del verbo   the appropriate form of the verb
forma   (*com.; inf.:* **formar**)   form, make up
formar   to form, to make up
foto, la   (*f.*)   photo
fotografía, la   photograph
fragata, la   frigate bird
frase, la   (*f.*)   phrase
frente, la   forehead   (11)
fresco (-a)   cool, fresh
  Hace fresco.   It's cool. (weather)   (5)
frío (-a)   cold
  Hace frío.   It's cold. (weather)   (5)
  Tengo frío.   I'm cold.   (7)
fuerte   strong   (13)
fútbol, el   soccer

g

galápago, el   tortoise
gato, el   cat   (2)
gaucho, el   Argentinian cowboy
generoso (-a)   generous   (13)
gente, la   people
geografía, la   geography   (9)
gimnasia, la   gymnastics
gimnasio, el   gymnasium   (4)
globo, el   globe   (1)
Gracias.   Thank you. Thanks.   (PL)
   Muchas gracias.   Thank you very
   much. Many thanks.
grados, los   degrees
grande   big, large   (2)
gripe, la   influenza, flu
   Tengo la gripe.   I have the flu.   (7)
gris   gray   (2)
grueso (-a)   fat, stout   (13)
grupo, el   group
gusta, gustan   (See **gustar**.)
gustar   to please, to be pleasing
   (5, 9)
   Le gusta (el loro).   He (she) likes
   (the parrot). You like (the parrot).   (5)
   Le gustan (los loros).   He (she)
   likes (parrots). You like (parrots).   (9)
   Me gusta (el libro).   I like (the
   book).   (5)
   Me gustan (los libros).   I like
   (books, the books).   (9)
   Te gusta (el pez).   You like (the
   fish).   (5)
   Te gustan (los peces).   You like
   (fish, the fish).   (9)

gusto, el   pleasure
   El gusto es mío.   The pleasure is
   mine.   (PL)
   Mucho gusto.   It's a pleasure.   (PL)
   ¡Qué gusto en verte!   What a
   pleasure to see you!
gustos, los   likes

h

habla   *(com.; inf.:* **hablar)**   talk
   habla de   talk about
hablar   to talk, to speak
hace   *(inf.:* **hacer)**   (he, she) does,
   is doing; (you) do, are doing
hacer   to do; to make
   Hace buen tiempo.   The weather is
   nice.   (5)
   Hace calor.   It's hot. (weather)   (5)
   Hace fresco.   It's cool. (weather)   (5)
   Hace frío.   It's cold. (weather)   (5)
   Hace mal tiempo.   The weather is
   bad.   (5)
   Hace sol.   It's sunny.   (5)
   Hace viento.   It's windy.   (5)
   ¿Qué hace (Inés)?   What is (Inés)
   doing?   (4)
   ¿Qué haces (en abril)?   What do
   you do (in April)?
   ¿Qué tiempo hace?   What's the
   weather like?   (5)
   ¿Qué vas a hacer?   What are you
   going to do?   (4)
haces   *(inf.:* **hacer)**   you do, are
   doing
hambre, el   *(f.)*   hunger
   Tengo hambre.   I'm hungry.   (7)
hasta   until   (PL); even
   Hasta la vista.   Until we meet
   again.   (PL)

Hasta luego.   See you later.   (PL)
Hasta mañana.   Until tomorrow. See you tomorrow.   (PL)
Hasta más tarde.   See you later.   (PL)
Hasta me duelen las pestañas.   Even my eyelashes hurt.
Hasta pronto.   See you soon.   (PL)
hay   (*inf.:* **haber**)   there is; there are   (1)
  ¿Cuántos . . . hay?   How many . . . are there?   (1)
  hay de todo   there's everything
  ¿Qué hay . . . ?   What is (there) . . . ?   (1)
haz   (*com.; inf.:* **hacer**)   make; ask
  haz una pregunta   ask a question
hermana, la   sister   (10)
hermano, el   brother   (10)
hermanos, los   brother(s) and sister(s)   (10)
hervido (-a)   boiled
hija, la   daughter   (10)
hijo, el   son   (10)
hijos, los   son(s) and daughter(s)   (10)
hispánico (-a)   Hispanic
hispano (-a)   Hispanic
historia, la   history   (9); story
hoja de papel, la   sheet of paper   (SL)
¡Hola!   Hello! Hi!   (PL)
hombre, el   man   (1)
hombro, el   shoulder   (11)
hora, la   hour   (8); time   (8)
  ¿A qué hora . . . ?   (At) What time . . . ?   (8)
  un cuarto de hora   a quarter of an hour   (8)
  una hora y cuarto   an hour and a quarter   (8)

  una hora y media   an hour and a half   (8)
  una media hora   a half hour   (8)
  ¿Qué hora es?   What time is it?   (8)
  ya es hora de . . .   it's already time to . . .
horario, el   schedule
hoy   today   (3)
  ¿Qué día es hoy?   What day is today?   (3)
huipil, el   traditional dress decorated with embroidery
humano (-a)   human
humo, el   smoke

i

idea, la   idea
idioma, el   (*m.*)   language
  Los sonidos del idioma   Sounds of the Language
iguana, la   iguana (lizard)
impaciente   impatient   (13)
impermeable, el   raincoat   (12)
importante   important   (9)
independencia, la   independence
inglés, el   English (language)   (9)
inteligente   intelligent   (13)
interesante   interesting   (9)
investigar   to investigate
invierno, el   winter   (5)
ir   to go   (3)
  ¿Adónde vas?   Where are you going?   (3)
  ir a + *inf.*   to be going to   (4)
  ¿Qué vas a hacer?   What are you going to do?   (4)

¿Qué voy a hacer?   What am I going to do?

va   he (she) goes, is going   (3); you go, are going

¡Vamos a practicar!   Let's Practice!

vas   you go, are going   (3)

voy   I go, am going   (3)

J

¡ja, ja!   ha, ha!

juego, el   game
  un juego de palabras   word game

jueves   Thursday   (3)
  los jueves   on Thursdays   (3)

julio   July   (6)

junio   June   (6)

L

la   the   (1)

labios, los   lips   (11)

lacio (-a)   straight (hair)   (13)

lagarto, el   lizard

lápiz, el   (*m.*, *pl.:* **lápices**)   pencil (SL)

largo (-a)   long   (2)

las   the   (1)

lástima, la   pity, shame
  ¡Qué lástima!   What a pity! What a shame!

latoso (-a)   annoying, pesky
  ¡Qué latosa!   What a pest! How annoying!

le   to him, to her, to you   (5, 9)
  le duele(n)   his (her, your) . . . hurt(s)   (11)
  le gusta(n)   he (she) likes; you like   (5, 9)
  le queda(n)   look(s) . . . on him (her, you); fit(s) him (her, you)   (12)

lección, la   (*pl.:* **lecciones**)   lesson

leche, la   (*f.*)   milk

lee   (*com.; inf.:* **leer**)   read

leer   to read   (9)

lengua, la   tongue   (11)

leña, la   firewood

león marino, el   sea lion

les   to them
  les gusta   they like

letra, la   letter

levantarse   to get up, to stand up

libra, la   pound (weight)

libro, el   book   (SL)

línea, la   line

lista, la   list

literatura, la   literature

lobo, el   wolf

loco (-a)   crazy

loro, el   parrot   (2)

los   the   (1)
  Voy a la escuela los lunes.   I go to school on Mondays.   (3)

luego   then
  Hasta luego.   See you later.   (PL)

luna, la   moon

lunes   Monday   (3)
  los lunes   on Mondays   (3)

luz, la   (*f.*, *pl.:* **luces**)   light   (SL)

ll

llamarse   to be called
   ¿Cómo se llama?   What is his (her, your) name? (PL)
   ¿Cómo se llama usted?   What is your name?
   ¿Cómo te llamas?   What is your name? (PL)
   Me llamo . . .   My name is . . . (PL)
   Se llama . . .   His (her, your) name is . . . (PL)
llevar   to wear (12)
llover   to rain
   Está lloviendo.   It's raining. (5)
   Llueve.   It's raining. (5)
lloviendo   (See **llover.**)
llueve   (See **llover.**)

m

madrastra, la   stepmother (10)
mal (*adj.*)   bad (before a *m. s.* noun)
   Hace mal tiempo.   The weather is bad. (5)
mal (*adv.*)   not well (PL); badly, poorly (12)
   Estoy mal.   I'm not well. I feel bad. (PL)
   te queda mal   it fits you badly, poorly (12)
malo (-a)   bad
   mala suerte   bad luck
mamá, la   mother, mom (10)
mano, la (*f.*)   hand (11)

mañana (*adv.*)   tomorrow (PL)
   Hasta mañana.   Until tomorrow. See you tomorrow. (PL)
mañana, la   morning
   de la mañana   in the morning, a.m. (8)
mapa, el (*m.*)   map (1)
mariachis, los (*m.*)   strolling group of musicians in Mexico
mariposa, la   butterfly (2)
marrón (*pl.:* **marrones**)   brown (2)
martes   Tuesday (3)
   los martes   on Tuesdays (3)
marzo   March (6)
más   plus (TL); more (13)
   César es más alto que Juan.   César is taller than John. (13)
   más . . . que   more . . . than (13)
   Uno más uno son dos.   One plus one is two. (TL)
mate, el   maté (a drink like strong tea)
matemáticas, las   mathematics (9)
mayo   May (6)
me   myself; to me
   me duele(n)   my . . . hurt(s) (11)
   me gusta(n)   I like (5, 9)
   Me llamo . . .   My name is . . . (PL)
   me queda(n)   fit(s) me; look(s) . . . on me (12)
mediano (-a)   medium (12)
medianoche, la   midnight (8)
medias, las   stockings (12)
medio (-a)   half
   una hora y media   an hour and a half (8)
   una media hora   a half hour (8)
mediodía, el   noon, midday (8)

mejilla, la   cheek (11)

menos   to, of (time) (8); less (13)
  menos . . . que   less . . . than (13)
  Son las (dos) menos (quince).   It is fifteen minutes (a quarter) to two. It is one-fifty. (8)
  Tu gato es menos grande que mi gato.   Your cat is not as big as (smaller than) my cat. (13)

mes, el *(m.)*   month (6)

mesa, la   table (1)

metro, el   meter
  200 metros libres   200-meter freestyle

mí   me (9)
  a mí me gusta   I like (9)

mi, mis   my (10)

mía   mine

miedo, el   fear
  Tengo miedo.   I'm afraid. (7)

miércoles   Wednesday (3)
  los miércoles   on Wednesdays (3)

minuto, el   minute (8)

mío   mine
  El gusto es mío.   The pleasure is mine. (PL)

mira *(com.; inf.:* **mirar***)*   look (at)

mirar   to look (at)

mismo (-a)   same
  ¡Ahora mismo!   Right now!

misterio, el   mystery

misterioso (-a)   mysterious

modelo, el   model, example

modesto (-a)   modest

mola, la   rounded mountain

mono, el   monkey

morado (-a)   purple (2)

mozo, el   young man

muchacha, la   girl (PL)

muchacho, el   boy (PL)

mucho *(adv.)*   a lot (4)
  Estudio mucho.   I study a lot. (4)

mucho (-a)   much (PL); very (7)
  Mucho gusto.   It is a pleasure. (PL)
  Tengo mucha hambre.   I'm very hungry. (7)

muchos (-as)   many
  Muchas gracias.   Thank you very much. Many thanks.
  Tengo muchos hermanos.   I have many brothers.

mujer, la   woman (1)

mula, la   mule

mundo, el   world

música, la   music (4)

musical *(adj.)*   musical

muy   very
  muy bien   very good; very well

n

nacho, el   a snack made of tortillas, cheese, and other ingredients

nada   nothing

nadar   to swim (6)

nariz, la *(f., pl.:* **narices***)*   nose (11)

natación, la   swimming

necesario (-a)   necessary
  si es necesario   if it is necessary

negro (-a)   black (2)

nena, la   baby girl

nene, el   baby boy

nevando   (See **nevar**.)

nevar   to snow
  Está nevando.   It's snowing. (5)
  Nieva.   It's snowing. (5)

nido, el   nest

nieta, la   granddaughter   (10)

nieto, el   grandson   (10)

nietos, los   grandchildren   (10)

Nieva.   (See **nevar.**)

niña, la   girl

niño, el   boy

nítido (-a)   clear, clean

no   no, not

noche, la   night, evening

  Buenas noches.   Good
    evening.   (PL)

  de la noche   in the evening, at night,
    p.m.   (8)

nombrar   to name

nombre, el   (*m.*)   name   (PL)

norte, el   north

  al norte del ecuador   (to the) north
    of the equator

nos   us, ourselves

  ¡Nos vemos pronto!   We'll see each
    other soon!   (PL)

noviembre   November   (6)

nublado (-a)   cloudy

  Está nublado.   It's cloudy.   (5)

número, el   number   (TL)

nunca   never   (5)

ñ

ñame, el   yam

o

o   or

océano, el   ocean

octubre   October   (6)

oficina, la   office

¡oh!   oh!

ojo, el   eye   (11)

ondulado (-a)   wavy (hair)   (13)

oración, la   (*pl.:* **oraciones**)
  sentence

oreja, la   ear   (11)

oro, el   gold

orquesta, la   orchestra

oscuro (-a)   dark (color)   (2); dark

  Es azul oscuro.   It is dark blue.   (2)

  Está oscuro.   It is dark (outside).

oso, el   bear   (2)

otoño, el   autumn, fall   (5)

otro (-a)   another; other

p

padrastro, el   stepfather   (10)

país, el   (*m., pl:* **países**)   country

pájaro, el   bird   (2)

  el pájaro bobo alcatraz   masked
    booby (bird)

  el pájaro bobo de patas
    azules   blue-footed booby (bird)

palabra, la   word

  en tus palabras   in your own words

pan, el   (*m.*)   bread

panorama, el   (*m.*)   panorama,
  scene

  Panorama de vocabulario
    Panorama of Vocabulary

pantalones, los   (*s.:* **pantalón**)
  pants, trousers   (12)

pantera, la   panther

paño, el   cloth

papa, la   potato

papá, el   father, dad   (10)

papás, los   parents   (10)

papel, el   (*m.*)   paper   (SL)
  el papel cuadriculado   graph paper
  una hoja de papel   sheet of paper   (SL)

para   for; in order to
  para practicar los deportes   to play sports

pared, la   (*f.*)   wall   (1)

paréntesis, los   (*m.*)   parentheses
  entre paréntesis   in parentheses

parte, la   (*f.*)   part   (11)

partido, el   game, match

pasa   (*inf.:* **pasar**)   passes; spends (time)

pásame   (*com.; inf.:* **pasar**)   pass me, hand me

pasar   to pass; to spend (time)

patinar   to skate   (6)

pelo, el   hair   (11)

pelota, la   ball

peña, la   cliff, rock

pequeño (-a)   small, little   (2)

¡perdón!   pardon me! excuse me!

período, el   period (of time)
  período de estudio   study period

pero   but

perro, el   dog   (2)

persona, la   person   (13)
  ¿Cómo son las personas?   What are the people like?   (13)

peso, el   peso (money)

pestaña, la   eyelash   (11)

pez, el   (*m., pl.:* **peces**)   (live) fish (2)

piano, el   piano

pie, el   (*m.*)   foot   (11)

pierna, la   leg   (11)

pijama, el   (*m.*)   pajamas   (12)

pintar   to paint   (4)

pintura, la   paint; painting, picture

piña, la   pineapple

piscina, la   swimming pool

piso, el   floor, ground

pizarra, la   blackboard, chalkboard (SL)

planeta, el   (*m.*)   planet

plato, el   plate

pluma, la   feather   (2)

poco   little; small amount; few
  un poco   a little
  Tengo un poco de hambre.   I am a little hungry.

pocos (-as)   few

poncho, el   poncho, a blanket-like cloak with a slit for the head

pone   (*inf.:* **poner**)   (he, she) puts

ponen   (*inf.:* **poner**)   (they) put

poner   to put

pongo   (*inf.:* **poner**)   I put

popular   popular   (13)

por   for; by; during; along
  por favor   please
  ¿por qué?   why?   (9)
  ¿por qué no?   why not?   (9)
  por último   (*adv*)   finally

porque   because

pozo, el   well (of water)

practicar   to practice; to play, to go in for   (4)
  practicar los deportes   to play sports, to go in for sports   (4)
  ¡Vamos a practicar!   Let's Practice!

pregunta   (*com.; inf.:* **preguntar**)   ask
  pregúntalas   ask them (ask the questions)

pregunta, la   question

preguntar   to ask

presenta (*com.; inf.:* **presentar**) present

presentar to introduce; to present
   te presento I'll introduce you

prima, la (female) cousin (10)

primavera, la spring (5)

primer (*adj.*) first (used before a m. s. noun)

primero (-a) first

primero (*adv.*) first

primo, el (male) cousin (10)

primos, los cousins (10)

prisa, la hurry
   Tengo prisa. I'm in a hurry. (7)

problema, el (*m.*) problem

profesor, el (male) teacher (SL)

profesora, la (female) teacher (SL)

programa, el (*m.*) program

pronto soon
   Hasta pronto. See you soon. (PL)
   ¡Nos vemos pronto! We'll see each other soon! (PL)

proverbio, el proverb, saying

próximo (-a) next
   la próxima semana next week (3)

puerta, la door (SL)

pues then, well

puesta del sol, la sunset (8)

¡puf! pant! oof!

punto, el dot
   en punto on the dot, sharp (time) (8)

pupitre, el (*m.*) student desk (1)

púrpuro (-a) purple

puso (*inf.:* **poner**) (he, she) put (past tense)

q

que that; who
   que va con that goes with
   que viven who live

que than
   más . . . que more . . . than (13)
   menos . . . que less . . . than (13)

¿qué? what? how?
   ¿A qué hora . . . ? (At) What time . . . ? (8)
   ¿De qué color . . . ? What color . . . ? (2)
   ¿Qué es esto? What is this? (SL)
   ¿Qué hay . . . ? What is (are) there . . . ? (1)
   ¿Qué tal? How are you? How are you doing? (PL)
   ¿Qué tal tu familia? How's your family?
   ¿Qué tiempo hace? What is the weather like? (5)

¡qué! what! how!
   ¡Qué fuerte eres! How strong you are!
   ¡Qué lástima! What a pity! What a shame!
   ¡Qué latosa! What a pest! How annoying!
   ¡Qué tiempo tan loco! What crazy weather!

queda, quedan (See **quedar.**)

quedar to fit; to look . . . on (clothing) (12)
   le queda (it) fits him (her, you), (it) looks . . . on him (her, you) (12)
   le quedan (they) fit him (her, you), (they) look . . . on him (her, you) (12)
   me queda (it) fits me, (it) looks . . . on me (12)
   me quedan (they) fit me, (they) look . . . on me (12)

te queda   (it) fits you, (it) looks ... on you   (12)
te quedan   (they) fit you, (they) look ... on you   (12)
querido (-a)   dear (in a letter)
¿quién? ¿quiénes?   who?
  ¿De quién ... ?   Whose ... ?   (12)
  ¿Quién es ... ?   Who is ... ?   (SL)
quinceañero (-a)   fifteen-year-old

r

ratón, el   (*m., pl.; ratones*)   mouse   (2)
razón, la   (*f., pl.: razones*)   reason
  Tengo razón.   I'm right.   (7)
rebozo, el   long shawl or scarf
recreo, el   recreation
rectángulo, el   rectangle   (1)
regla, la   ruler   (1)
reloj, el   (*m.*)   clock   (SL); watch
repaso, el   review
repetir   to repeat
repite   (*com.; inf.: repetir*)   repeat
respuesta, la   answer
rizado (-a)   curly (hair)   (13)
rodilla, la   knee   (11)
rojizo (-a)   reddish (hair)   (13)
rojo (-a)   red   (2)
romper   to break
rompió   (*inf.: romper*)   (it) broke (past tense)
ropa, la   clothes, clothing   (12)
rosa   pink
rosado (-a)   pink   (2)
rubio (-a)   blond(e)   (13)
rumba, la   rumba (dance)
ruso (-a)   Russian

s

sábado   Saturday   (3)
  los sábados   on Saturdays   (3)
saber   to know
salida del sol, la   sunrise   (8)
salón, el   (*m., pl.: salones*)   (large) room
  el salón de clase   classroom   (1)
salud, la   (*f.*)   health   (9)
saludo, el   greeting   (PL)
sapo, el   toad
se   himself, herself, yourself
  se levanta (*inf.: levantarse*)   (he, she, it) gets up
  se sientan (*inf.: sentarse*)   (they) sit down
sé   (*inf.: saber*)   I know
sed, la   thirst
  Tengo sed.   I'm thirsty.   (7)
seguir   to follow
segundo (-a)   second
semana, la   week   (3)
  el fin de semana   weekend   (3)
  esta semana   this week   (3)
  la próxima semana   next week   (3)
sentarse   to sit down
señor   Mr.; sir (polite address)
señor, el   man, gentleman
señora   Mrs.; ma'am (polite address)
señora, la   woman, lady
señorita   Miss
señorita, la   young woman, young lady
septiembre   September   (6)

ser   to be   (13)
  eres   you are   (13)
  es   he, she, it is, you are   (13)
  son   they are   (13)
  Son las (dos.)   It is (two)
    o'clock.   (8)
  soy   I am   (13)
si   if
sí   yes
siempre   always   (5)
siéntate   (*com.; inf.:* **sentarse**)   sit
  down
significa   (*inf.:* **significar**)   (it)
  means
  ¿Qué significa . . . ?   What does . . .
    mean?
significar   to mean, signify
sigue   (*com.; inf.:* **seguir**)   follow
silla, la   chair   (SL)
"Simón dice"   "Simon Says"
  (game)
simpático (-a)   nice, pleasant   (13)
situación, la   (*pl.:* **situaciones**)
  situation
sobre   about
sol, el   (*m.*)   sun
  Hace sol.   It's sunny.   (5)
  la puesta del sol   sunset   (8)
  la salida del sol   sunrise   (8)
sólo   only
sombrero, el   hat   (12)
son   (*inf.:* **ser**)   (they) are
  Son las (dos).   It is (two)
    o'clock.   (8)
sonido, el   sound
  Los sonidos del idioma   Sounds of
    the Language
sopa, la   soup
soy   I am   (13) (See **ser**.)
  Soy de . . .   I am from . . .
su, sus   his, her, your   (10)

sueño, el   sleep
  Tengo sueño.   I'm sleepy.   (7)
suerte, la   luck
  buena suerte   good luck
  mala suerte   bad luck
  Tengo suerte.   I'm lucky.   (7)
suéter, el   (*m.*)   sweater   (12)
sur, el   (*m.*)   south
  al sur del ecuador   (to the) south of
    the equator

†

tal   such
  ¿Qué tal?   How are you doing? How's
    everything?   (PL)
tamaño, el   size
también   also, too
tan   so
  ¡Qué tiempo tan loco!   What crazy
    weather!
tango, el   tango (dance)
tapa, la   lid, top
tarde   late
  Hasta más tarde.   See you
    later.   (PL)
tarde, la   (*f.*)   afternoon
  Buenas tardes.   Hello. Good
    afternoon.   (PL)
  de la tarde   in the afternoon,
    p.m.   (8)
tarjeta, la   card, greeting card
taza, la   cup
te   yourself; to you
  ¿Cómo te llamas?   What is your
    name?   (PL)
  te duele(n)   your . . . hurt(s)   (11)
  te gusta(n)   you like   (5, 9)
  te queda(n)   fit(s) you, look(s) . . . on
    you   (12)

té, el   tea
techo, el   roof
teléfono, el   telephone
  el número de teléfono   phone
    number   (TL)
televisión, la   television
temperatura, la   temperature
tener   to have   (7)
  ¿Qué tienes?   What do you have?
    What's the matter?   (7)
  tener calor   to be hot   (7)
  tener dolor   to be in pain   (7)
  tener frío   to be cold   (7)
  tener hambre   to be hungry   (7)
  tener la gripe   to have the flu   (7)
  tener miedo   to be afraid   (7)
  tener (*number*) **años**   to be (*number*)
    years old   (7)
  tener prisa   to be in a hurry   (7)
  tener razón   to be right   (7)
  tener sed   to be thirsty   (7)
  tener sueño   to be sleepy   (7)
  tener suerte   to be lucky   (7)
tengo   I have (See **tener**.)
tercer   (*adj.*)   third (before a *m. s.*
  noun)
tercero (-a)   third
terrible   terrible   (9)
ti   you
  a ti te gusta   you like
tía, la   aunt   (10)
tiempo, el   weather   (5); time   (8)
  ¿Cuánto tiempo hay?   How much
    time is there?   (8)
  Hace buen tiempo.   The weather is
    nice.   (5)
  Hace mal tiempo.   The weather is
    bad.   (5)
  ¿Qué tiempo hace?   What's the
    weather like?   (5)
tienda de ropa, la   clothing store
  (12)

tigre, el   (*m.*)   tiger   (2)
tímido (-a)   shy, timid   (13)
tío, el   uncle   (10)
tíos, los   aunt(s) and uncle(s)   (10)
típico (-a)   typical
tiza, la   chalk   (1)
tobillo, el   ankle   (11)
toca   (*com.; inf.:* **tocar**)   touch
tocar   to touch
todo (-a)   all
  todo el . . .   the whole . . .
  todos los días   every day
  todos los sábados   every Saturday
toman   (*inf.:* **tomar**)   (they) take
tomar   to take
tomo   (*inf.:* **tomar**)   I take
tonto (-a)   foolish, stupid
tortuga, la   tortoise, turtle
tradicional   (*adj.*)   traditional
traje de baño, el   bathing suit,
  swimsuit   (12)
tranquilo (-a)   calm, tranquil
triángulo, el   triangle   (1)
tú   you   (6)
tu, tus   your   (10)

U

¡uf!   whew! ugh!
último (-a)   last
  por último   (*adv*)   finally
un, una   a, an   (2)
unidad, la   unit
unos, unas   some, a few   (2)

usa (*com.; inf.:* **usar**)   use
usar   to use   (4)
  Usando el español   Using Spanish
  usar la computadora   to use the
   computer   (4)
usted   you (pronoun to refer to an
  adult)   (6)
uva, la   grape

V

va   he, she goes, is going   (3); you
  go, are going (See **ir.**)
vaca, la   cow
vamos (*inf.:* **ir**)   we go, are going;
  let's go
  ¡Vamos a practicar!   Let's Practice!
variedades, las   variety (program)
vas   you go, are going   (3) (See **ir.**)
veces, las (*f., s.:* **vez**)   times
  a veces   sometimes   (5)
  muchas veces   many times
vemos (*inf.:* **ver**)   (we) see
  ¡Nos vemos pronto!   We'll see each
   other soon! (PL)
ven (*com.; inf.:* **venir**)   come
ven (*inf.:* **ver**)   (they) see
venir   to come
ventana, la   window   (1)
ver   to see
verano, el   summer   (5)
verbo, el   verb
verdad, la   truth
  ¿verdad?   right? (tag question)   (5)
verde   green   (2)
vestido, el   dress   (12)
viento, el   wind
  Hace viento.   It's windy.   (5)

viernes   Friday   (3)
  los viernes   on Fridays   (3)
vimos (*inf.:* **ver**)   (we) saw (past
  tense)
vista, la   sight; view
  Hasta la vista.   Until we meet
   again.   (PL)
viven (*inf.:* **vivir**)   (they) live
vivir   to live   (9)
vocabulario, el   vocabulary
  ¡Aprende el vocabulario!   Learn
   the Vocabulary!
  Panorama de vocabulario
   Panorama of Vocabulary
vocal, la (*f.*)   vowel
volar   to fly
volibol, el   volleyball
volver   to return
voy   I go, am going   (3) (See **ir.**)
voz, la (*f., pl.:* **voces**)   voice
vuelve (*inf.:* **volver**)   (he, she)
  returns

---

y

y   and
ya   already, now
  ya es hora de ir   it's already time to
   go
yo   I   (6)

---

z

zapato, el   shoe   (12)

English–Spanish Word List

The following list contains the English equivalents of the active vocabulary in *Converso mucho*. For reference, the lesson or unit in which the Spanish word is taught is given in parentheses.

a, an un, una (2)
afraid, to be tener miedo (7)
a lot mucho (4)
always siempre (5)
animal el animal (2)
ankle el tobillo (11)
April abril (6)
arm el brazo (11)
art el arte (4)
athletic atlético (-a) (13)
August agosto (6)
aunt la tía (10)
autumn el otoño (5)

back (body) la espalda (11)
ballpoint pen el bolígrafo (1)
bathing suit el traje de baño (12)

bathrobe la bata (12)
be, to ser (13)
bear el oso (2)
big grande (2)
bird el pájaro (2)
birthday el cumpleaños (6)
black negro (-a) (2)
blackboard la pizarra (SL)
blond(e) rubio (-a) (13)
blouse la blusa (12)
blue azul (2)
body el cuerpo (11)
book el libro (SL)
boots las botas (12)
boring aburrido (-a) (9)
boy el muchacho (PL)
brother el hermano (10)

brown marrón (2)
brown (hair, eyes) castaño (-a) (13)
butterfly la mariposa (2)
buy, to comprar (12)

calendar el calendario (3)
canary el canario (2)
cat el gato (2)
chair la silla (SL)
chalk la tiza (1)
chalkboard la pizarra (SL)
chalk eraser el borrador (1)
cheek la mejilla (11)
circle el círculo (1)
class la clase (4)
classroom el salón de clase (1)

---

clock el reloj (SL)
clothes la ropa (12)
clothing store
   la tienda de ropa (12)
coat el abrigo (12)
cold, to be
   tener frío (7)
color el color (2)
comical
   cómico (-a) (13)
computer
   la computadora (SL)
cousin (f.)
   la prima (10)
cousin (m.)
   el primo (10)
cousins los primos (10)
curly (hair)
   rizado (-a) (13)

dance, to bailar (6)
dark (color)
   oscuro (-a) (2)
date la fecha (6)
daughter la hija (10)
day el día (3)
December
   diciembre (6)
desk (student's)
   el pupitre (1)
desk (teacher's)
   el escritorio (SL)
difficult difícil (9)
dog el perro (2)
door la puerta (SL)
dress el vestido (12)

ear la oreja (11)
easy fácil (9)
elbow el codo (11)
English (language)
   el inglés (9)
eye el ojo (11)
eyebrow la ceja (11)
eyelash
   la pestaña (11)

face la cara (11)
fall el otoño (5)
family la familia (10)
fantastic
   fantástico (-a) (9)
farewell
   la despedida (PL)
fat grueso (-a) (13)
father el papá (10)
favorite
   favorito (-a) (2)
feather la pluma (2)
February febrero (6)
fine bien (PL)
finger el dedo (11)
fish el pez (2)
fit, to quedar (12)
flag la bandera (1)
flamingo
   el flamenco (2)
flu, to have the
   tener la gripe (7)
foot el pie (11)
forehead la frente (11)
Friday viernes (3)
friend (f.) la amiga (1)
friend (m.)
   el amigo (1)

fun divertido (-a) (9)
funny cómico (-a) (13)

generous
   generoso (-a) (13)
geography
   la geografía (9)
girl la muchacha (PL)
globe el globo (1)
go, to ir (3)
Good afternoon.
   Buenas tardes. (PL)
Good-by. Adiós. (PL)
Good evening.
   Buenas noches. (PL)
Good morning.
   Buenos días. (PL)
grandchildren
   los nietos (10)
granddaughter
   la nieta (10)
grandfather
   el abuelo (10)
grandmother
   la abuela (10)
grandparents
   los abuelos (10)
grandson el nieto (10)
gray gris (2)
great-grandfather
   el bisabuelo (10)
great-grandmother
   la bisabuela (10)
great-grandparents
   los bisabuelos (10)
green verde (2)
greeting el saludo (PL)

gymnasium
el gimnasio (4)

hair el pelo (11)
half hour
una media hora (8)
hand la mano (11)
hat el sombrero (12)
he él (6)
head la cabeza (11)
health la salud (9)
Hello. Hola.
Buenos días. (PL)
her su, sus (10)
Hi. Hola. (PL)
his su, sus (10)
history la historia (9)
hot, to be
tener calor (7)
hour la hora (8)
hour and a half
una hora y media (8)
hour and a quarter
una hora y cuarto (8)
house la casa (3)
how? ¿cómo? (PL, 8)
how many
¿cuántos? (-as) (TL, 8)
how much?
¿cuánto? (-a) (8)
hungry, to be
tener hambre (7)
hurry, to be in a
tener prisa (7)
hurt, to doler (11)

I yo (6)
impatient
impaciente (13)
important
importante (9)
intelligent
inteligente (13)
interesting
interesante (9)
It's a pleasure.
Mucho gusto. (PL)
It's cloudy.
Está nublado. (5)
It's cold. (weather)
Hace frío. (5)
It's cool. (weather)
Hace fresco. (5)
It's hot. (weather)
Hace calor. (5)
It's raining.
Llueve. Está lloviendo.
(5)
It's snowing.
Nieva. Está nevando.
(5)
It's sunny.
Hace sol. (5)
It's windy.
Hace viento. (5)

jacket la chaqueta (12)
January enero (6)
July julio (6)
June junio (6)

knee la rodilla (11)

large grande (2)
learn, to aprender (9)
leg la pierna (11)
less menos (8, 13)
library la biblioteca (4)
light la luz (SL)
light (color)
claro (-a) (2)
like, to gustar (5, 9)
lip el labio (11)
little pequeño (-a) (2)
live, to vivir (9)
long largo (-a) (2)
look, to (clothes)
quedar (12)
lucky, to be
tener suerte (7)

man el hombre (1)
map el mapa (1)
March marzo (6)
mathematics
las matemáticas (9)
May mayo (6)
medium
mediano (-a) (12)
midday
el mediodía (8)
midnight
la medianoche (8)
minute el minuto (8)
Monday lunes (3)
month el mes (6)
more más (13)
morning
la mañana (PL, 8)

mother la mamá (10)
mouse el ratón (2)
mouth la boca (11)
movie theater
  el cine (3)
music la música (4)
my mi, mis (10)
My name is . . .
  Me llamo . . . (PL)

name el nombre (PL)
neck el cuello (11)
never nunca (5)
next week
  la próxima semana (3)
nice simpático (-a) (13)
night la noche (PL, 8)
noon el mediodía (8)
nose la nariz (11)
notebook
  el cuaderno (1)
November
  noviembre (6)
number el número (TL)

October octubre (6)
of de (12)
open, to abrir (9)
orange (color)
  anaranjado (-a) (2)

pain, to be in
  tener dolor (7)
paint, to pintar (4)
pajamas el pijama (12)
pants
  los pantalones (12)

paper el papel (SL)
parents los papás (10)
parrot el loro (2)
part la parte (11)
pen el bolígrafo (1)
pencil el lápiz (SL)
physical education
  la educación física (9)
pink rosado (-a) (2)
play sports, to
  practicar los deportes (4)
pleasant
  simpático (-a) (13)
please, to gustar (5, 9)
plus más (TL)
popular popular (13)
practice, to
  practicar (4)
pretty bonito (-a) (12)
purple morado (-a) (2)

quarter-hour
  un cuarto de hora (8)

rabbit el conejo (2)
raincoat
  el impermeable (12)
read, to leer (9)
rectangle
  el rectángulo (1)
red rojo (-a) (2)
reddish (hair)
  rojizo (-a) (13)
right? ¿verdad? (5)
right, to be
  tener razón (7)
robe la bata (12)
ruler la regla (1)

Saturday sábado (3)
school la escuela (3)
science las ciencias (9)
season la estación (5)
See you later.
  Hasta la vista (luego,
  más tarde). (PL)
See you soon.
  Hasta pronto. Nos
  vemos pronto. (PL)
See you tomorrow.
  Hasta mañana. (PL)
September
  septiembre (6)
she ella (6)
sheet of paper
  una hoja de papel (SL)
shirt la camisa (12)
shoes los zapatos (12)
short (height)
  bajo (-a) (13)
short (length)
  corto (-a) (2)
shoulder
  el hombro (11)
shy tímido (-a) (13)
sing, to cantar (4)
sister la hermana (10)
skate, to patinar (6)
skirt la falda (12)
sleepy, to be
  tener sueño (7)
small pequeño (-a) (2)
so-so así, así (PL)
socks los calcetines (12)
some unos, unas (2)

sometimes
a veces (5)

son el hijo (10)

Spanish (language)
el español (9)

sports los deportes (4)

spring la primavera (5)

square el cuadrado (1)

stepfather
el padrastro (10)

stepmother
la madrastra (10)

stockings
las medias (12)

stout grueso (-a) (13)

straight (hair)
lacio (-a) (13)

strong fuerte (13)

student (f.)
la alumna (SL)

student (m.)
el alumno (SL)

study, to estudiar (4)

summer el verano (5)

Sunday domingo (3)

sunrise
la salida del sol (8)

sunset
la puesta del sol (8)

sweater el suéter (12)

swim, to nadar (6)

swimsuit
el traje de baño (12)

T-shirt la camiseta (12)

table la mesa (1)

tall alto (-a) (13)

teacher (f.)
la profesora (SL)

teacher (m.)
el profesor (SL)

teeth los dientes (11)

telephone number el
número de teléfono (TL)

terrible terrible (9)

the el, la, los, las (1)

The pleasure is mine.
El gusto es mío. (PL)

there is (are) hay (1)

thin delgado (-a) (13)

thirsty, to be
tener sed (7)

this week
esta semana (3)

Thursday jueves (3)

tiger el tigre (2)

time el tiempo (8)

timid tímido (-a) (13)

today hoy (3)

to her le; a ella (5, 9)

to him le; a él (5, 9)

to me me; a mí (5, 9)

tomorrow mañana (PL)

tongue la lengua (11)

to you
te; a ti; le; a usted (5, 9)

triangle el triángulo (1)

Tuesday martes (3)

ugly feo (-a) (12)

uncle el tío (10)

understand, to
comprender (9)

use, to usar (4)

waist la cintura (11)

walk, to caminar (6)

wall la pared (1)

wastebasket
la cesta (1)

wavy
ondulado (-a) (13)

weak débil (13)

wear, to llevar (12)

weather el tiempo (5)

Wednesday
miércoles (3)

week la semana (3)

weekend
el fin de semana (3)

well bien (PL)

what?
¿cómo? ¿cuál? ¿qué? (8)

what color?
¿de qué color? (2)

what time?
¿a qué hora? (8)

when? ¿cuándo? (8)

where? ¿adónde? (4, 8)

which? ¿cuál? (5, 8)

white blanco (-a) (2)

who? ¿quién? (SL, 8)

whose? ¿de quién? (10)

why? ¿por qué? (9)

window la ventana (1)

winter el invierno (5)

woman la mujer (1)

write, to escribir (9)

year el año (6)

years old, to be . . .
tener . . . años (7)

yellow amarillo (-a) (2)

you tú; usted (6)

your tu, tus; su, sus (10)

Index